W0034771

Bibliografische Information der Deutschen Nationalbibliothek:
Die Deutsche Nationalbibliothek verzeichnet diese Publikation
in der Deutschen Nationalbibliografie; detaillierte bibliografische
Daten sind im Internet über www.dnb.de abrufbar.

© 2021 oekom verlag, München
Gesellschaft für ökologische Kommunikation mbH
Waltherstraße 29, 80337 München

Layout und Satz: Werner Schneider
Korrektur: Elena Bruns
Umschlaggestaltung: Mirjam Höschl, oekom verlag
Umschlagabbildung: © Peter Gueth/shutterstock.com
Druck: CPI books GmbH, Leck

ISBN 978-3-96238-315-2

Günter Banzhaf

So entsteht Zukunft

Spirituelle Ressourcen,
philosophische Reflexionen,
politische Perspektiven

Inhaltsverzeichnis

Vorwort

Die Kräfte der Veränderung

Dieses Buch kommt genau zur rechten Zeit. Immer mehr Menschen wird bewusst, dass wir in einer Zeitenwende leben. Viele Jahre haben die Verantwortlichen in Politik und Wirtschaft, aber auch viele Bürgerinnen und Bürger gehofft, die Krisen könnten mit einigen kosmetischen Veränderungen bewältigt werden. Dann könne alles weitergehen wie bisher: Mehr produzieren, mehr arbeiten, mehr konsumieren – und alles wird gut.

Doch das wird es nicht. Die Erdüberhitzung schreitet unablässig voran. Millionen Menschen fliehen vor Gewalt, Ausbeutung, Fluten oder Dürren. Wenn sich nichts Grundlegendes ändert, wird es für viele Menschen schlechter.

Doch der Weg vom alten Denken zu neuem Handeln ist weit. Jahrelang glaubten Kritikerinnen und Kritiker des Systems, gute Argumente, politische Aktionen und mehr Aufklärung reichten aus, um dieses System grundlegend zu verändern. Doch sie haben die Beharrungskräfte derer unterschätzt, die sich in der alten Wirtschaftsweise gut eingerichtet, die Macht, Reichtum und Privilegien ergattert haben. Und sie haben die Beharrungskräfte in den Köpfen vieler Menschen unterschätzt, die ihren oft schwer erkämpften materiellen Wohlstand zäh verteidigen, obwohl sie wissen, dass er auf Kosten von Umwelt, Klima und schlecht bezahlten Beschäftigten in weit entfernten Ländern geht. Ihre Angst vor Veränderung ist größer als ihre Hoffnung, durch Veränderung zu gewinnen. Wo das Alte nicht mehr trägt, das Neue aber noch nicht sichtbar ist, wächst diese Angst. Und Angst macht konservativ.

In dieser Lage kommt das Buch von Günter Banzhaf wie gerufen. Von einem fundierten Überblick über die aktuelle Diskussion ebenso getragen wie von persönlichen Erfahrungen als politisch engagierter Seelsorger, arbeitet er heraus, dass es für wirklich nachhaltige Veränderungen mehr Ressourcen braucht als gute Argumente und kritische Informationen: einen gemeinsamen Spirit, der auch die Gefühle der Menschen erreicht; eine neue Spiritualität oder ein religiöser Glaube, der ihnen die Kraft gibt, sich vom alten Handeln zu verabschieden und mutig neue Wege zu gehen. Banzhaf verschweigt die Schattenseiten der Religionen keineswegs. Doch ihr Streben nach Gerechtigkeit, nach einem achtsamen Umgang mit der Natur, nach Mitgefühl und Frieden enthält für ihn Ressourcen, die für eine grundlegende Veränderung der Gesellschaft mobilisiert werden könnten.

In der wissenschaftlich, eher intellektuell und faktisch orientierten Welt von heute werden solche Thesen oft ignoriert oder gar belächelt. Aber der Blick auf große historische Umwälzungen bestätigt Banzhaf. So pries der ehemalige südafrikanische Staatspräsident Nelson Mandela immer wieder den gemeinsamen Spirit der Befreiung, der den Kampf gegen das Apartheid-System getragen – und einen friedlichen Übergang ermöglicht hatte.

In der Friedlichen Revolution in Ostdeutschland von 1989 spielte die christliche Spiritualität eine viel größere Rolle als allgemein angenommen. »Was die SED mehr fürchtete als unsere Argumente und politische Strategien waren unsere Kerzen«, sagte mir einmal meine Berliner Journalisten-Kollegin Bettina Röder, die sich an vorderster Front für die Revolution engagiert hatte.

Und in Bhutan konnte ich persönlich beobachten, wie ein kleines Land eine eigenständige Entwicklung hin zu einem ganzheitlichen Bruttosozialglück für alle Bürger beschritt – als Alternative zur reinen Konsumkultur des Westens. Diese Entwicklung wird stark von dem einigenden Band des Buddhismus getragen.

Auf beeindruckende Weise schildert Günter Banzhaf die beiden Grundelemente von Veränderungsprozessen: Neue politische Rahmenbedingungen und Alternativen zum herrschenden Wirtschaften einerseits – aber auch spirituelle Ressourcen, die den Menschen die Kraft geben, vom Alten Abschied zu nehmen und das Neue hoffnungsfroh mit Leben zu füllen.

Es sind diese beiden Dimensionen von Veränderung, die Hoffnung machen, dass die großen Krisen dieser Zeit doch noch in Frieden, Gerechtigkeit, in Respekt vor der Natur und in demokratischen Prozessen bewältigt werden können.

Deshalb wünsche ich diesem Buch eine möglichst große Verbreitung.

Mai 2021
Wolfgang Kessler

Wolfgang Kessler ist Wirtschaftspublizist. Er war von 1999 bis 2019 Chefredakteur der kirchenunabhängigen, christlichen Zeitschrift Publik-Forum

»Wege, die in die Zukunft führen,
liegen nie als Wege vor uns.
Sie werden zu Wegen erst dadurch,
dass man sie geht.«

Franz Kafka

Einleitung

Warum führt das viele Wissen über Klimawandel, Artensterben und die Plünderung des Planeten nicht zum Handeln? Diese Frage treibt mich und viele andere um. Denn dadurch verlieren wir kostbare Zeit. Es gibt viele Gründe, warum sich so wenig tut. Die Probleme sind komplex, Zusammenhänge schwer zu durchschauen. Vielfältiger Widerstand kommt aus der Wirtschaft. Zu viele Geschäftsmodelle hängen noch an überholten Technologien. Ihr Einfluss auf die Politik ist enorm.

Das erklärt aber nur, was die notwendigen Veränderungen blockiert. Es erklärt nicht, warum es noch nicht genügend Kräfte gibt, die diese Widerstände überwinden wollen. Religionen könnten hier einen wichtigen Beitrag leisten. Das mag viele überraschen, je nachdem, welche Bilder von Religion sie im Kopf haben. Nicht wenige meinen, in den Religionen gehe es nur ums eigene Seelenheil. In der Tat gibt es diese Art von weltfremdem Glauben. Und es gibt abschreckende fanatische und gewalttätige Formen von Religion. Deshalb ist es verständlich, dass nicht wenige den Religionen kritisch gegenüberstehen.

Religionen haben aber auch ganz andere Traditionen, die wertvolle spirituelle Erfahrungen bereithalten. Sie sensibilisieren für Recht und Unrecht, motivieren zu Mitgefühl und solidarischem Handeln. Sie zielen auf einen Wandel des Bewusstseins, auf Änderungen von persönlichem Verhalten und gesellschaftliche Umkehr. Hier wird Spiritualität politisch und kämpferisch. Diese Ressourcen der Religionen möchte ich für das gemeinsame Suchen nach zukunftsfähigen Lösungen erschließen.

Manche Menschen können mit Religion einfach wenig anfangen. Sie haben das Gefühl, sie seien »religiös unmusikalisch«. Doch spirituelle Erfahrungen sind nicht religiösen Menschen vorbehalten, sondern auch anderen zugänglich. Deshalb hier der Versuch,

religiöse Erfahrungen in eine säkulare und allgemein verständliche
Sprache zu übersetzen. Vielleicht erscheinen dann diese und eigene
Erfahrungen in einem neuen Licht.

Nicht zuletzt richtet sich das Buch natürlich an Menschen, die
einer Religion verbunden sind. Für sie könnte es spannend sein,
neue Entdeckungen in ihrer eigenen Tradition und in den Überlie-
ferungen anderer Religionen zu machen. Denn jenseits von allen
Unterschieden in den Glaubensvorstellungen gibt es eine große gemeinsame Basis an spirituellen Erfahrungen. Sie können Energien
freisetzen, sich in die anstehenden großen Veränderungsprozesse
einzubringen und sie mitzugestalten.

Dazu möchte ich einen Wunsch der Klimaaktivistin Luisa Neu-
bauer weitergeben: »Ich wünsche mir, dass Menschen, die sich
in Gemeinden engagieren, die sich mit Religion, Glaube, Gott,
Frieden, Schöpfung und Hoffnung beschäftigen, zu unseren Ver-
bündeten werden.«

So können Religionen mit ihren spirituellen Ressourcen einen
wichtigen Beitrag zu den notwendigen Veränderungsprozessen unserer Zeit leisten. Sie zeigen Wege zu einem »Guten Leben für alle«
und motivieren, diese Wege auch entschlossen zu gehen. Philosophische Reflexionen begleiten diese spirituelle Entdeckungstour,
geerdet durch aktuelle ökonomische und gesellschaftliche Analysen. Daraus werden politische Perspektiven und konkrete Handlungsmöglichkeiten abgeleitet.

Annäherungen

Die Welt mit neuen Augen sehen

Blick auf unseren blauen Planeten

Von der Internationalen Raumstation ISS hat Alexander Gerst 2019 auf einer Umlaufbahn in 400 km Höhe monatelang auf unseren blauen Planeten geschaut. Vor seiner Rückkehr aus dem All hat er eine bewegende »Nachricht an meine Enkelkinder« versandt: »Liebe Enkelkinder, … im Moment sieht es so aus, als ob wir, meine Generation, euch den Planeten nicht gerade im besten Zustand hinterlassen werden … Ich würde mir wünschen, dass wir bei euch nicht als die Generation in Erinnerung bleiben, die eure Lebensgrundlage egoistisch und rücksichtslos zerstört hat … Ich hoffe sehr für euch, dass wir noch die Kurve kriegen.«

Zu den gesprochenen Worten sandte die Kamera Bilder von der bezaubernden Schönheit unseres Planeten, aber auch solche von der immer sichtbarer werdenden Verwüstung. Die Fakten dazu hat Alexander Gerst nüchtern und unaufgeregt aufgelistet.

Am Ende blickt er in die Zukunft, um von dort mit den Augen der kommenden Generation auf unsere Generation zurückzuschauen. Wer möchten wir gewesen sein? Eine Generation, die ihre Lebensgrundlage zerstört hat, oder eine, die sich ins Zeug gelegt und noch die Kurve gekriegt hat?[1] Die Botschaft, die er damit vermitteln will: Es geht bei all dem auch um die Würde und Selbstachtung unserer heutigen Generation.

Seit der Apollo-Mission 1969 ist uns dieser faszinierende Blick aus dem All auf unseren blauen Planeten möglich. Ob dieser Blick uns helfen kann, die Welt und uns selbst mit neuen Augen zu sehen?

Krisen als Chancen

Das Wort Krise schreibt man im Chinesischen mit zwei Zeichen: wie-ji. Sie bedeuten Gefahr und Chance. Krisen signalisieren beides. Am Anfang steht oft das diffuse Gefühl, dass etwas nicht mehr stimmt, Gefahr im Verzug ist. Das verunsichert. Bisherige Sichtweisen und Überzeugungen geraten ins Wanken.

Das, so der Hirnforscher Gerald Hüther, löst irritierende Prozesse in unserem Gehirn aus. Und diese wiederum sind »eine entscheidende Voraussetzung dafür, dass man etwas Neues denken, etwas bisher nicht Gesehenes sehen, etwas bisher nicht Verstandenes verstehen kann.«[2] Insofern eröffnen Krisen auch Chancen, Dinge anders und in einem neuen Licht zu sehen.

An Krisen und Krisenbewusstsein in unserer Zeit mangelt es nun wahrlich nicht: Umweltkrise, Klimakrise, Hungerkrise, Finanzkrise, Krise des Kapitalismus, Demokratiekrise und nun auch noch die Coronakrise. Wir haben in dieser Krise erfahren, wie verletzlich wir Menschen und unsere Gesellschaften sind.

Krisen verschärfen gesellschaftliche Probleme und bringen globale Ungerechtigkeiten ans Licht. Mit Blick auf die Coronakrise spricht Oxfam deshalb vom »Ungleichheitsvirus« und belegt dies eindrücklich mit Zahlen.[3] Wie können wir Wege aus diesen globalen Krisen finden? Eine vielleicht überraschende Antwort: Nicht gleich nach Lösungen Ausschau halten, sondern zuerst den Blick nach innen richten.

Nach innen schauen, Gefühle sortieren

Welche Gefühle stellen sich bei mir ein, wenn ich an Corona, den Klimawandel, das Artensterben oder die Gefahr eines Atomkrieges denke? Wie sehr bestimmen diese Gefühle mein Denken und Handeln?

In Krisenzeiten reagieren Menschen unterschiedlich. Die einen treten die Flucht nach vorn an – mit Rezepten von gestern. Sie wollen Umweltprobleme mit noch größeren technologischen Anstrengungen lösen, die atomare Gefahr mit noch größeren Abschreckungspotentialen bannen, die Verunsicherung durch die galoppierende Globalisierung mit einer Rückkehr zu heimatlicher Geborgenheit in den Griff bekommen.

Bei anderen stellt sich schnell ein beklemmendes Gefühl ein. Angst steigt in ihnen auf, ausgelöst durch beunruhigende Informationen von schmelzenden Gletschern oder fortschreitendem Insektenschwund. Die Zunahme von Wetterextremen ist mit bloßem Auge erkennbar. Verstärkt werden sie durch dramatische Bilderfolgen von verheerenden Bränden, sei es in Australien, Sibirien oder Kalifornien, die sich schon ins kollektive Bewusstsein eingegraben haben. Sie versetzen in inneren Aufruhr. Man möchte wegschauen und weglaufen. Wenn das nur ginge.

Und dann kommt auch noch Greta aus Schweden daher: »Ich will, dass ihr Panik habt. Ich will, dass ihr die Angst empfindet, die ich jeden Tag spüre. Und dann will ich, dass ihr handelt.« Doch hilft Angst weiter? Natürlich ist Angst ein überlebenswichtiges Gefühl. Sie warnt vor Gefahren, kann uns also rechtzeitig wachrütteln. Aber sie lähmt auch. Sie kann eine Starre auslösen. Dann stecken Menschen ihren Kopf lieber in den Sand. Oder sie reagieren in Panik, wollen nicht mehr hinschauen, nur vor all den Schreckensszenarien davonlaufen.

Angst steuert manchmal auch Politiker*innen, zum Beispiel bei der Aushandlung des Klimapakets der Bundesregierung. Da saß, so kolportierten es Insider, die Angst vor der AfD mit am Tisch. Nur ihr nicht Wähler*innen durch einen zu hohen CO_2-Preis in die Arme treiben. Man könnte allerdings auch mutig vertreten, was nötig ist, wie in der Coronapandemie, und dazu flankierend kommunizieren, dass man Klimakosten sozial abfedern wird.

Angesichts der Größe der Probleme wird vielen Menschen schwindelig. Sie beschleicht ein Gefühl der Ohnmacht. Sie fühlen sich als Rädchen in einem großen Getriebe, dem sie sich ausgeliefert fühlen. Wie sollen wir nur weltweit und in einem Jahrzehnt die Kurve kriegen?

Und dann sind es doch sowieso viel zu wenige, die sich engagieren. Das Gefühl von Ohnmacht drückt nieder. Depressive Verstimmungen sind nicht weit. Das Jugendwort des Jahres 2020 trifft dieses Gefühl: »lost«, irgendwie verloren, keine Ahnung was abgeht, was auf uns zukommt. Die Verlustängste der Mittelschicht sind dabei ganz real und nicht unbegründet.

Kontraproduktiv ist dann natürlich alles, was die Gefühle von Angst und Ohnmacht noch verstärkt. Zum Beispiel moralischer Druck. Man wird aufgefordert, auf unnötigen Konsum zu verzichten oder gar sich für sein Verhalten zu schämen. Flugscham ist so eine moralische Keule. Moralischer Druck trifft aber leicht die Falschen, die Sensiblen und eigentlich Motivierten. Bei ihnen produziert er ein schlechtes Gewissen. Sollte ich nicht doch mehr tun, noch konsequenter leben? Was werden meine Enkelkinder einmal sagen? Solche Fragen nagen an einem. Man möchte nicht mehr in den Spiegel schauen.

Andere reagieren anders. In ihnen steigt Wut und Ärger hoch. Ärger über eine Politik, die so wenig auf die Reihe kriegt. Wut auf gewissenlose Unternehmen, die sich einen Dreck um Klimagase und Umweltzerstörung scheren und nur auf Gewinne schielen. Wut ist ein wichtiges Gefühl. Sie erspürt, wenn etwas nicht in Ordnung ist und nicht mit rechten Dingen zugeht. Sie setzt Energie frei, sich zu wehren und dem Bedrohlichen etwas entgegenzusetzen.

Kritisch wird es, wenn sie sich unkontrolliert entlädt, wenn etwa fanatische Vegetarier Fleischereien in Frankreich stürmen. Oder wenn konventionelle Bäuerinnen und Bauern pauschal auf die Anklagebank gesetzt werden. Wut zeigt gern mit dem moralischen Zeigefinger auf andere. In Bahnen gelenkt, entfaltet sie als heiliger Zorn aber eine große Kraft und kann so den notwendigen politischen Druck erzeugen.

Aber Wut kann auch schnell in Frustration umschlagen. Eine Mischung aus Ärger, Aggression und Frustration ist dann ein sehr ungemütliches Gemisch. Es produziert ein diffuses und widersprüchliches Gefühlsleben. Am Ende steht nicht selten verzweifelte Mutlosigkeit. Es hat doch alles keinen Wert.

Nicht nur von innen steigt viel in uns hoch. Auch von außen strömt viel auf uns ein. Die Macht der Stimmungen um uns herum und in unserer Gesellschaft ist nicht zu unterschätzen. Stimmungen erzeugen kollektive Gefühle. Auf dieser Klaviatur spielen Populisten gekonnt. Sie machen Stimmung gegen »die da oben«, die etablierten Parteien, die Eliten, die Flüchtlinge, gegen den »Klimawahn« und die »Coronahysterie«.

Sie punkten damit bei der Mittelschicht, die Angst vor sozialem Abstieg hat. Sie finden Gehör bei prekär Beschäftigten und Arbeitslosen, die Angst haben, vollends abgehängt zu werden. Es gibt persönliche und gesellschaftliche Probleme, die den Menschen näher sind als die globalen, auch in der jungen Generation. Das wird bei der Diskussion um die Kosten des Klimaschutzes oft übersehen. Dazu kommt die Verunsicherung unter Arbeitnehmer*innen, den technologischen Entwicklungen wie der Digitalisierung ausgeliefert zu sein und vielleicht schon bald den Arbeitsplatz zu verlieren.

Gefühle in uns und Stimmungen um uns wahrzunehmen und zu sortieren ist wichtig. Sie beeinflussen, oft unbewusst, unser Erleben der Welt, prägen unsere Einstellungen zu Problemen und steuern unser Verhalten. Wenn wir diese Mechanismen durchschauen, können wir negative Gefühle und Stimmungen mit positiven Bildern und Energien ausbalancieren und Handlungsmöglichkeiten erkennen. Dann sehen wir klarer, wo Gefühle uns blockieren oder starke Emotionen uns zu etwas verleiten, das nicht viel bringt und uns ausbrennen lässt. Und wir sehen klarer, was wir selbst tun und an welchen Stellschrauben wir miteinander gesellschaftlich drehen können.

Botschaften müssen Menschen differenziert da abholen, wo sie stehen: Was sind ihre Sehnsüchte, wo kommen ihre inneren Widerstände her? Was treibt sie um? Welchen Einflüssen sind sie ausgesetzt? Also nicht nur mit Fakten und Argumenten kommen, sondern auch die Gefühlsebene ansprechen. Dabei lohnt es sich, auf die Sprache zu achten. Es macht einen großen Unterschied, ob ich von Sorge spreche oder von Angst. Erstere nimmt eine Bedrohung ernst, tritt aber einen Schritt zurück. Sie lässt sich nicht überrollen. Von daher ist der Titel der päpstlichen Enzyklika *Laudato si´. Von der Sorge um das gemeinsame Haus* gut gewählt.

Nach vorn schauen, Möglichkeiten entdecken

Der Blick in die Zukunft ist bei vielen Menschen stark emotional gefärbt. Schwarzmalen ist beliebt, Beschönigen auch. Wie realistisch wir den Dingen ins Auge sehen, liegt in unserer Hand. Wir können es hier mit Antonio Gramsci halten, der in Zeiten des Faschismus aus dem Gefängnis geschrieben hat: »Ich bin ein Pessimist im Verstand, aber ein Optimist im Willen.«

Und dann sehen wir: Die Welt ist nicht nur voller Probleme, sondern auch voller Lösungen. Davon erzählen Filme wie »Tomorrow. Die Welt ist voller Lösungen« von Cyril Dion und Mélanie Laurent oder die Beispielgeschichten der Stiftung Futur Zwei. Dort finden sich Geschichten von gemeinwohlorientierten Unternehmen, genossenschaftlichen Initiativen oder sozialen Innovationen, Dinge zu teilen und gemeinsam zu nutzen. Das sind Bausteine für eine neue Erzählung von den Möglichkeiten einer nachhaltigen Entwicklung und einem guten Leben für alle in planetarischen Grenzen.

Soziale Bewegungen waren immer angetrieben von einer neuen großen Erzählung. Heute könnte eine solche beginnen mit »Alles könnte anders sein«. Im Buch mit diesem Titel entwirft der Soziologe Harald Welzer verlockende Szenarien eines guten Lebens. Er malt darin aus, um wie viel lebenswerter unsere Zukunft aussehen könnte, wenn wir die Dinge neu denken. Mit einem Song von John Lennon kann man das auch träumend vor sich hinsingen: »Imagine«, »Stell' dir vor«, wie das aussehen könnte, eine friedliche Welt. Das wird die Kunst sein: Eine »gute Geschichte der Transformation« zu erzählen, »in der die Menschen gerne vorkommen wollen.«[4]

Es kommt dabei aber darauf an, eine gute Balance zu finden. Zum einen die positiven Perspektiven aufzuzeigen, zum anderen aber auch die bedrohliche Seite und die notwendige Dringlichkeit zu benennen. Dies gehört zur spannungsreichen Realität. Und die verlangt eine gewisse »Ambiguitätstoleranz«, zu Deutsch »die Fähigkeit mit Spannungen und Widersprüchen umgehen zu können«.

Denn es geht nicht nur um kleine Korrekturen da oder dort. Es geht um einen großen Wurf. Grundlegende Veränderungsprozesse sind nötig, die alle Bereiche des Lebens und Wirtschaftens erfassen. Dies bedeutet nach Einschätzung des Wissenschaftlichen Beirats der Bundesregierung nichts Geringeres als eine »Große Transformation«, eine grundsätzliche Neuausrichtung aller Lebensbereiche hin zu einer nachhaltigen Entwicklung.[5]

Für Uwe Schneidewind, den Präsidenten des renommierten Wuppertal Instituts für Klima, Umwelt, Energie, bedeutet nachhaltige Entwicklung nichts weniger als eine »kulturelle Revolution«. Technologische Innovationen reichen nicht. Die entscheidenden Anstöße müssen von sozialen und kulturellen Innovationen ausgehen. Die notwendige Transformation kann nicht von oben verordnet, sie muss von unten initiiert werden, von persönlich motivierten und politisch engagierten Menschen, die sich als Weltbürger*innen begreifen, die »global denken und lokal handeln«.[6]

»Die Metamorphose der Welt« verstehen

Einer der renommierten Soziologen, die sich intensiv mit den globalen Herausforderungen auseinandergesetzt haben, war Ulrich Beck. Er arbeitete zuletzt an einem Buch mit dem Titel *Die Metamorphose der Welt*, das 2017 unvollendet erschien. Darin entwickelt er die These, dass sich die »Metamorphose der Welt«, eine »umfassende Verwandlung«, unaufhaltsam vollzieht. Für diese radikale Transformation sei der Begriff des Wandels zu schwach, denn hier werden Koordinatensysteme wie bei der Kopernikanischen Wende verschoben.

»Die Klimakrise sagt uns, dass der Nationalstaat nicht der Mittelpunkt der Welt sein kann.« Er ist den globalen Herausforderungen nicht gewachsen. »Die Erde dreht sich nicht um Nationen, sondern die Nationen kreisen um die neuen Fixsterne ‚Welt‘ und ‚Menschheit‘.« Aus dieser Metamorphose geht »eine andere Art des In-der-Welt-Seins, der Weltsicht und des politischen Handelns« hervor.

Ausgangspunkt ist für ihn die Einsicht, dass wir in einer »Weltrisikogesellschaft« leben. Die globalen Risiken entspringen quasi als »Nebenfolgen« den »Laboren von Wissenschaft und Technik und den Profitkalkulationen der Wirtschaft.« Die ungebremste Modernisierungsdynamik schafft mit ihren Erfolgen zugleich die Bedrohungen. Sie »greift nahezu unaufhaltsam um sich«, »überrennt und überwältigt nicht nur den Einzelnen, sondern auch die Institutionen.«

In dem Maße aber, in dem Institutionen »versagen«, angesichts der globalen Bedrohungen nichts oder viel zu wenig zustande bringen, entstehen aber auch weltweit Protest und Widerstand. Es entsteht ein neues Weltbewusstsein, das auf seine Weise weltweit Kräfte mobilisiert. Das ist die Hoffnung.[7]

Warum sich bisher so wenig geändert hat

Wie wir uns selbst austricksen

Das Umwelt- und Klimabewusstsein in Deutschland ist hoch, sehr hoch sogar. Aber Psychologie und Hirnforschung sagen uns, dass Wissen noch nicht zu Verhaltensänderungen führt. Wenn Gefahren nicht recht greifbar, mit unseren fünf Sinnen nicht erlebbar und noch in weiter Ferne liegen, dann verdrängen wir sie gern und blenden sie aus. Dann erscheinen uns die realen Kosten heute im Vergleich zum ungewissen Nutzen morgen zu hoch. Wir machen lieber so weiter.

Wenn dann Geschichten erzählt werden, dass noch lange nicht klar ist, ob es so schlimm kommt, hören wir diese gern. Und wenn

Fortschrittsoptimisten davon schwärmen, dass wir mit technischen Innovationen die Probleme in den Griff bekommen, dann können wir so weitermachen. Und wer bei den anstehenden Veränderungen doch nicht ganz abseitsstehen will, der will wenigstens gut dastehen. Weiterhin fliegen, vielleicht nicht ganz so oft, und dafür ein Elektroauto fahren, ist doch schon mal was. Die Verhaltenspsychologie hat gut erforscht, wie wir uns selbst austricksen, wenn wir unser Verhalten ändern sollen. Liebgewordene Gewohnheiten geben wir ungern auf.

Eine entscheidende Rolle spielen dabei die Emotionen. Sie »steuern unsere Gedanken, Vorstellungen und insbesondere unsere Erinnerungen«, so der renommierte Hirnforscher Gerhard Roth. Unser »unbewusst arbeitendes Erfahrungsgedächtnis bestimmt« unser Denken und steuert verborgen, welche Argumente uns »in den Sinn kommen«. So finden wir leicht Ausreden und Entschuldigungen.[8]

Appelle an Einsicht und Vernunft bewirken wenig

»Warum führt wissenschaftliche Erkenntnis nicht zum Handeln?« Seit Jahren treibt den renommierten Klimaforscher Mojib Latif diese Frage um. In seinem neuen Buch *Heißzeit* analysiert er die Gründe. Er sieht sie vor allem in der Komplexität der Probleme, in den Methoden der Klimaskeptiker und den Störfeuern aus Politik und Wirtschaft. Mit überzeugenden Fakten und Argumenten plädiert er engagiert für ein »völliges Umdenken – in allen Lebensbereichen«, um die Klimakatastrophe noch zu verhindern. Alle vernünftig und verantwortlich denkenden Menschen müssten diese Analysen wachrütteln. Und hoffentlich tun sie es auch.

Doch Appelle an Einsicht und Vernunft reichen nicht. Informationen, Analysen und Aufklärung bewirken noch keine Änderung unserer Denk- und Verhaltensmuster. Denn diese sitzen tiefer und entziehen sich meist unserem Bewusstsein. Sie sind kulturell vermittelt. Wir wachsen damit auf, sie prägen unser Denken, lenken unsere Bedürfnisse, formen unsere Gewohnheiten und steuern so meist unbewusst unser Verhalten.

Harald Welzer nennt diese tiefer liegenden Denk- und Verhaltensmuster griffig und anschaulich »mentale Infrastrukturen«. Sie bilden sich durch kulturelle Erzählungen aus. In unserer »expansiven
Moderne« wird uns eine Geschichte »von Fortschritt, Wettbewerb
und Wachstum erzählt«. Dieses Denken prägt unser gesellschaftli-
ches und individuelles Wollen und Wünschen. Es formt Vorstellungen und Bilder, die wir uns vom Leben und von der Welt machen.[9]

Hier zeigt sich, dass unser Gehirn ein soziales Produkt ist, ein
»Sozialorgan«. Wir lernen von klein auf von anderen und das prägt
unsere Wahrnehmungs-, Bewertungs- und Verhaltensmuster.[10]

Deshalb reichen Appelle an Verstand und Vernunft nicht. Handeln entsteht erst dadurch, dass die Ebene der Gefühle angesprochen wird. Gefühle motivieren. »Verstand und Vernunft brauchen
Gefühle zu ihrer Durchsetzung.« Das heißt: Letztlich wird »emotional entschieden«.[11]

Menschen ändern ihre Denkweise und ihr Verhalten erst, so Gerald Hüther, wenn sie »von etwas berührt« werden. »Es muss ihnen
‚unter die Haut gehen‘, sonst ändert sich nichts im Gehirn.« Denken, Fühlen und Handeln bilden eine Einheit.[12] Der Fridays-for-Fu-
ture-Bewegung ist dies gelungen. Die Schüler*innen haben die Sorge um ihre Zukunft auch emotional zum Ausdruck gebracht. Ihnen
ist es wesentlich zu verdanken, dass das Thema des Klimawandels
inzwischen eine große öffentliche Aufmerksamkeit erfahren hat.

Mächtige Interessen stellen sich quer

In den Blick zu nehmen ist allerdings auch, wie mächtige
wirtschaftliche und politische Interessen die notwendigen Transformationsprozesse behindern. Es trifft viele, wenn fossile Brenn-
stoffe im Boden bleiben und Kohlekraftwerke abgeschaltet werden sollen, wenn Verbrennungsmotoren verboten werden. Ganze
Volkswirtschaften hängen an diesen Technologien. Bislang ge-
winnträchtige Geschäftsmodelle stehen dann vor dem Aus. Investoren fürchten um ihre Renditen, Banken um ihre Kredite. Von der
Politik verlangt die Kohleindustrie Entschädigungen in Milliarden-

höhe, gleich auch noch für entgangene Gewinne. Dabei waren es oft ihre unternehmerischen Fehlentscheidungen, die diese Situation heraufbeschworen haben.

Ein extremes Beispiel in der Klimadebatte hat Exxon geliefert. Seine Wissenschaftsabteilung hatte schon sehr früh Berechnungen über die bedrohliche Erderwärmung durch den Anstieg von CO_2 in der Atmosphäre durchgeführt. »Die Kenntnis der Forschungsergebnisse aus dem eigenen Haus hielt aber den Konzern nicht davon ab, millionenschwere Kampagnen gegen die Klimaforschung zu fahren, um deren Arbeitsweise und Ergebnisse zu diskreditieren«, so der Klimaforscher Mojib Latif.[13] Und dies nur, um möglichst lange noch die Rendite der alten Geschäftsmodelle einfahren zu können.

Nun ist die Klimakrise da. Sie könnte sich zur Bankenkrise auswachsen. Nicht von Ungefähr hat die BaFin ein Merkblatt verschickt, in dem Banken dazu aufgefordert werden, ihre »Nachhaltigkeitsrisiken« angesichts der kommenden Anforderungen durch den Klimaschutz zu erfassen. Wer hier nicht rechtzeitig umsteuert, riskiert herbe Verluste.

Doch man muss noch genauer hinschauen. Denn die Machtverhältnisse auf unserer Welt haben sich, fast unbemerkt von der Öffentlichkeit, grundlegend verändert. Die neuen Mächtigen, so der Wirtschaftspublizist Wolfgang Kessler, sind Schattenbanken, Staatsfonds und Datenkonzerne. »Schattenbanken« sind globale Vermögenskonzerne, Pensionskassen und Hedgefonds. Sie gelten nicht als Banken und können deshalb unbemerkt und im Stillen ohne Regulierung agieren.

Der Größte und Mächtigste unter den Vermögensverwaltern ist Blackrock mit einem Kapital von 7,4 Billionen US-Dollar in 2020. Er verfügt über beste Kontakte zur Politik. Unter den Staatsfonds sind arabische und chinesische die großen Player, bei den Datenkonzernen sind es Alphabet (Google), Apple, Facebook und Amazon.[14]

Das Problem ist insgesamt, dass ein mächtiger und undurchsichtiger »industriell-politischer Komplex« entstanden ist, den

Thilo Bode in *Die Diktatur der Konzerne* detailliert beschreibt. Heerscharen von Lobbyisten haben sich in Brüssel oder Berlin eingenistet und nehmen direkten Einfluss auf politische Entscheidungen und Gesetzgebungsverfahren. Vom mächtigen »militärisch-industriellen Komplex«, vor dem schon Präsident Eisenhower gewarnt hat, ganz zu schweigen. Deshalb sind Organisationen wie LobbyControl e.V. wichtig. Sie setzen sich seit Jahren hartnäckig für Transparenz und die Einführung eines Lobbyregisters ein, inzwischen mit ersten Erfolgen.

Es gibt auch Silberstreifen am Horizont. Finanzstarke Pensions- und Versicherungsfonds beginnen umzuschichten und setzen bei ihren Investitionen vermehrt auf Nachhaltigkeit. Der Norwegische Pensionsfonds und Versicherungskonzerne wie die Allianz haben angekündigt, sich aus Investitionen in Kohle zurückzuziehen. Versicherungen erleben als Erste, wie zunehmende Wetterextreme mit rasant steigenden Kosten zu Buche schlagen. Der unabhängige Verein Urgewalt e.V. begleitet dabei kritisch, wie ernsthaft Banken und Versicherungen dies auch umsetzen.

Vielleicht kommt ja gerade von der Finanzwelt mit der Divestment-Bewegung eine unerwartete Unterstützung. Doch machen wir uns nichts vor: Die Orientierung an der Rendite bleibt die Leitschnur, man passt sich nur den neuen Herausforderungen an. Aber das ist immerhin ein Anfang, in größerem Stil umzudenken.

Unternehmen, die immer noch aufs falsche Pferd setzen, werden zunehmend auch von zivilgesellschaftlichen Gruppen herausgefordert. So wurde die weitere Abholzung im Hambacher Forst für den Braunkohle-Tagebau durch Aktionen der örtlichen Kirchengemeinde, von Baumbesetzern, Klagen von Umweltverbänden und Großdemonstrationen verhindert.

Kritische Journalist*innen bringen Licht ins Dunkel des undurchsichtigen Geflechts der Schattenbanken. Hans-Jürgen Jakobs hat mit einem Expertenteam in *Wem gehört die Welt?* zweihundert der neuen Mächtigen mit Foto porträtiert und so »dem anonymen Kapital … ein Gesicht gegeben.«[15]

Finanzkritische Initiativen wie die »Bürgerbewegung Finanzwende« zeigen konkret auf, dass und wie die Politik für mehr Transparenz und Kontrolle im Finanzsystem sorgen kann und im Interesse der Menschen auch muss.

Überall auf der Welt kämpfen zivilgesellschaftliche Organisationen und Gruppen für den Schutz der Umwelt, für die Rechte von Minderheiten und indigenen Völkern oder für Freiheit und Demokratie. Sie sind davon überzeugt, dass eine andere Welt möglich ist. Dafür entwickeln sie Ideen und Konzepte. Auf ihren langen Atem wird es wesentlich ankommen.

So kann es nicht weitergehen

Warum? Weil ständiges Wachstum auf einem endlichen Planeten auf Dauer nicht geht. Unser westliches Wohlstandsmodell ist mit einem enormen Material-, Flächen- und Energieverbrauch verbunden. Ressourcen und Aufnahmekapazität unseres Planeten sind jedoch begrenzt. Insgesamt strapazieren wir die Regenerationsfähigkeit unseres Planeten über alle Maße. Der »Weltüberlastungstag« zeigt, dass wir Jahr für Jahr mehr verbrauchen als auf der Erde in einem Jahr nachwachsen kann. Er rückt immer weiter nach vorn. 2019 war es bezogen auf Deutschland schon der 3. Mai. Doch eine zweite Erde haben wir nicht.

Auch Effizienzsteigerungen reichen nicht. So ist der Spritverbrauch bei Autos zwar deutlich gesenkt worden, gleichzeitig rollen aber immer mehr und immer schwerere Wagen über unsere Straßen. »Rebound-Effekte« nennt dies die Wissenschaft. Ein Fortschritt auf der einen Seite wird auf der anderen Seite gleich wieder aufgehoben, kommt sozusagen als »Bumerang« gleich wieder zurück. Nichts ist gewonnen.

Auch »grünes Wachstum« unterliegt einem Wachstumszwang, so sehr effizientere und energiesparende Produkte zu begrüßen sind. Der enorme Ressourcenverbrauch wird dadurch nicht wirklich gestoppt. Unterm Strich kommt es zu keiner ökologischen Entlastung.

Wir leben aufs Ganze gesehen einfach über unsere Verhältnisse.
Und dies gleich vier- bis fünffach, sei es in Hinblick auf Klimagase,
die wir in die Erdatmosphäre blasen, sei es mit Blick auf die Ressourcen, die wir aus der Erde holen. Unser »ökologischer Fußabdruck«, der in Flächenäquivalente umgerechnet wird, und unser
»ökologischer Rucksack«, der in Tonnen gerechnet wird, sind vier-
bis fünffach zu hoch. Nach Berechnungen des »Global Footprint
Network« bräuchten wir drei Erden, wenn alle so leben würden wie
wir in Deutschland.[16]

Und nicht nur das. Wir leben direkt auf Kosten von Menschen
in anderen Teilen der Welt. Bodenschätze anderer Länder werden
für unseren Wohlstand ausgebeutet, immer mehr landwirtschaftli-
che Fläche in anderen Regionen der Welt wird für unsere Massentierhaltung oder unseren Energiebedarf in Anspruch genommen
und aufgekauft. Schmutzige Arbeit, Müll und andere schädliche
Folgen werden in andere Weltregionen ausgelagert. Die Kosten unserer Wirtschafts- und Lebensweise werden so »externalisiert«. Der
Soziologe und Politikwissenschaftler Stephan Lessenich beschreibt
diese Mechanismen in *Neben uns die Sintflut. Die Externalisie-
rungsgesellschaft und ihr Preis.*

Unsere Art zu leben, zu produzieren und zu konsumieren ist im
Grunde eine *Imperiale Lebensweise*, so Markus Wissen und Ulrich
Brand. Dies ist vielen nicht bewusst, weil sie so »selbstverständlich« und »normal« geworden ist. Dabei beruht sie auf der »Ausbeutung von Mensch und Natur« vor allem im Globalen Süden.
Doch die dahinterstehenden ungleichen Machtverhältnisse bleiben
»unsichtbar«.[17]

Ausgelöst ist diese ganze Dynamik durch einen globalen
Kapitalismus, der zugleich wunderbaren Wohlstand für die einen
und erschreckendes Elend für die anderen hervorgebracht hat.
In Deutschland meidet man diese Bezeichnung und vermeidet
damit auch eine tiefergehende Analyse der wirtschaftlichen Dynamik. Man spricht lieber von »sozialer Marktwirtschaft«. Das klingt
schöner.

Deshalb muss, so Wolfgang Kessler in seiner Streitschrift *Die Kunst, den Kapitalismus zu verändern*, dieses »Kapitalismus-Tabu« durchbrochen werden. »Es ist der globale Kapitalismus, der diese Entwicklungen anstachelt und verschärft. Er beruht auf Konkurrenz, auf Spaltung, auf Gewinnen der einen auf Kosten anderer, auf Wachstum, das Ressourcen aufzehrt.« Wer diese »aus den Fugen geratene Welt« verstehen will, »muss sich die Weltwirtschaft der vergangenen dreißig Jahre und ihre Triebkräfte vor Augen führen.«[18] Erst wenn wir diese Dynamik verstehen, können wir sie abbremsen und in eine andere Richtung lenken.

An einem kritischen Punkt der Erdgeschichte angelangt

Was die beschriebenen Entwicklungen zusammengenommen bedeuten, wird immer klarer. Wir bringen das seit der letzten Eiszeit eingespielte ökologische System unserer Erde aus dem Gleichgewicht. Über rund 12.000 Jahre war dieses System des Holozäns stabil. Die Eingriffe des Menschen in die Natur haben inzwischen eine erdgeschichtliche Dimension erreicht.

Um nur ein Beispiel zu nennen: In über 300 Millionen Jahren wurden die Vorräte an Kohle, Erdöl und Gas im Erdinnern aufgebaut. Nun holt die Menschheit in nur 300 Jahren diese aus der Erde und schickt damit Unmengen an Kohlendioxid in die Erdatmosphäre. Sie heizt damit das Klima hundertmal so schnell auf wie bei anderen Temperaturveränderungen der Erdgeschichte.

Damit ist ein neues, vom Menschen dominiertes erdgeschichtliches Zeitalter angebrochen, das »Anthropozän«. Wissenschaftlerinnen und Wissenschaftler sehen das Jahr 1950 als Zäsur an. Von da an beschleunigen sich die gefährlichen Entwicklungen.[19]

Die *Erd-Charta*, im Jahr 2000 in Den Haag verabschiedet, nimmt diese völlig neue Dimension in den Blick:

> »Wir stehen an einem kritischen Punkt der Erdgeschichte, an dem die Menschheit den Weg in ihre Zukunft wählen muss ... Wie nie zuvor in der Geschichte der Menschheit fordert unser gemeinsames Schicksal dazu auf, einen neuen Anfang zu wagen ... Das erfordert einen Wan-

del in unserem Bewusstsein und in unseren Herzen. Es geht darum, weltweite gegenseitige Abhängigkeit und universale Verantwortung neu zu begreifen.«[20]

Die Rede vom Anthropozän hat allerdings ihre Tücken. Es ist nicht »der Mensch« und auch nicht »die Menschheit«, die diese Schäden angerichtet haben. Es sind vielmehr ganz konkrete Menschen oder Menschengruppen, die in den vergangenen Jahrhunderten koloniale Herrschaft ausgeübt, die Industrialisierung vorangetrieben und Formen eines Wirtschaftens entwickelt haben, die Mensch und Natur ausbeuten.

Das war nicht immer böswillig gedacht, oft haben sich Dinge einfach entwickelt und die Folgen etwa der Industrialisierung sich erst im Laufe der Zeit gezeigt. Dennoch sind die westlichen Industriestaaten mit ihrer Art zu wirtschaften Hauptverursacher der Erderwärmung und Naturzerstörung. Entsprechend stehen sie in der Verantwortung. Wer Teil des Problems ist, muss auch Teil der Lösung sein. Man muss schon Ross und Reiter konkret benennen.

Verantwortung global denken

Richtig adressieren

Die vielen moralischen Appelle an »unsere« Verantwortung für kommende Generationen sind meist ungehört verhallt. Sie laufen ins Leere, weil Appelle an die Menschheit Appelle ohne Adressaten sind. Verantwortung braucht aber immer eine »Adresse und Hausnummer« hat der Philosoph Karl Jaspers einmal gesagt.

Andererseits wenden sich viele moralische Appelle nur an den Einzelnen und fordern konkret: Ändere deinen Lebensstil, reduziere deinen ökologischen Fußabdruck, konsumiere gefälligst weniger! Damit wird aber die Verantwortung einseitig auf den Einzelnen abgeladen. Sie wird so zu einer drückenden Last, die Menschen nur ein schlechtes Gewissen macht und das Leben verleidet. Gutwillige Menschen werden dadurch eher gelähmt als motiviert. Sie fühlen sich überfordert.

Dabei ist doch offensichtlich, so Armin Grunwald, dass korrekter ökologischer Konsum allein die Welt nicht retten kann. Wobei hinzuzufügen ist: Aber ohne geht es auch nicht. Es müssen jedoch politische und wirtschaftliche Rahmenbedingungen geschaffen werden, damit individuelles Handeln eine Breitenwirkung entfalten kann.

Beliebt ist dabei vor allem das Spiel, Verantwortung auf andere abzuschieben: die Konsument*innen auf die Unternehmen, die Unternehmen auf die Politik, die Politik auf beide. Die Verbraucher*innen wollen doch, so heißt es dann, alles nur möglichst billig und bequem. Und diese wiederum zeigen auf die Politik, die zu wenig tut gegen ökologische Probleme und gesundheitliche Gefahren. Und vielen Unternehmen sei ihr Profit wichtiger als Umweltbelange oder Arbeitsbedingungen.

Es wird also darum gehen, die Dinge differenziert zu sehen, zugleich aber darauf zu achten, dass Verantwortung nicht hin und her geschoben wird. Es muss geklärt werden, wer jeweils welche Verantwortung und Handlungsmöglichkeiten hat. Dann kann herausgearbeitet werden, wer an welcher Stelle und in welcher Rolle welchen konkreten Beitrag zu den notwendigen Veränderungsprozessen leisten kann und soll. Verantwortung muss jeweils konkret und richtig adressiert werden.

Gefragt sind wir jedoch alle. Denn Demokratie bedeutet nach Max Frisch »Einmischung in die eigenen Angelegenheiten«. Je nach unserer Rolle in der Gesellschaft haben wir Möglichkeiten und Handlungsspielräume, die wir nutzen können.

Systemisch angehen

In diesem Sinne hat Verantwortung eine individuelle Dimension. Jede und jeder kann etwas beitragen. Sie hat aber auch eine institutionelle Dimension. Wirtschaft, Wissenschaft und Politik mit ihren nationalen und internationalen Gremien und Einrichtungen stehen genauso in der Pflicht. Verantwortung ist deshalb nicht nur individuell, sondern vor allem systemisch zu denken. Dazu braucht es beides, persönliches und politisches Engagement. Globale Verantwortung kann nur geteilt und gemeinsam wahrgenommen werden.

Das ist leichter gesagt als getan. Rückfragen lassen nicht lange auf sich warten. Warum sollen wir für Menschen in anderen Teilen der Welt und auch noch für kommende Generationen verantwortlich sein? Antwort: Unsere Verantwortung reicht soweit, wie wir Einfluss nehmen können, gerade auch da, wo sich niemand zuständig fühlt. Verantwortung ist prinzipiell nicht abgrenzbar.

Sie ist nur praktisch begrenzt durch Zeit, Kraft und Möglichkeiten, die ein Individuum, eine Initiative oder eine Institution haben. Dies wiederum hängt von den jeweiligen Prägungen, Einstellungen, Sichtweisen und Überzeugungen ab. Denn da entscheidet sich oft unbewusst und unbemerkt, ob wir uns überhaupt für jemand oder etwas verantwortlich fühlen oder nicht. Diese gilt es deshalb zu hinterfragen und hinterfragen zu lassen.

Und noch etwas ist zu beachten. Verantwortung hat nicht nur mit Moral zu tun. Sie erfordert nicht nur moralische Sensibilität, sondern ebenso kognitive, emotionale und kommunikative Fähigkeiten. Der große griechische Philosoph Aristoteles hielt deshalb die *phronesis*, die »praktische Klugheit«, für eine wichtige Tugend, um die jeweils »angemessene« Antwort zu finden.

Klimaerwärmung oder Artensterben stoppen wir nicht mit moralischen Appellen. Es braucht dafür vor allem auch kluge Strategien und kreative Konzepte, um zu guten und zukunftsfähigen Lösungen zu kommen. Komplexe globale Probleme brauchen enorme fachliche Kompetenz, dazu Willensstärke, Organisationstalent und die Lust, Dinge anders zu gestalten. Dann ist Verantwortung nicht länger eine drückende Last, sondern eine produktive Kraft.[21]

Verantwortliches Denken und Handeln braucht dabei nicht nur einen Sinn für die Realität und das Machbare, sondern auch einen

Sinn für das Mögliche und noch nicht Gedachte. »It always seems impossible until it's done« lautet ein bekannter Spruch. Umgekehrt bedeutet dies, die Wirklichkeit wie sie ist, nicht einfach hinzunehmen und sich den sogenannten »Sachzwängen« zu fügen. Erich Fried hat dies im Gedicht »Realitätsprinzip« eindrücklich in Worte gefasst: »Die Welt vor dieser Wirklichkeit retten wollen. Die Welt wie sie sein könnte lieben: Die Wirklichkeit aberkennen.«

Ob Religionen weiterhelfen können?

Warum Religionen hier ins Spiel kommen

Der politisch engagierte Philosoph Jürgen Habermas, der immer auf die Überzeugungskraft vernünftiger Argumente setzte, hat selbst auf die »motivationalen Schwächen einer Vernunftmoral« hingewiesen. Sie richtet sich auf der kognitiven Ebene an die »Einsicht von Individuen«, erzeugt jedoch »keine Antriebe« für ein solidarisches kollektives Handeln. Denn das ist keine Frage der Einsicht.

Deshalb richtet Habermas den Blick auf die Ressourcen der Religionen und setzt auf »die motivationale Kraft ihrer Bilder«. Denn es geht darum, »ein Bewusstsein für die weltweit verletzte Solidarität, ein Bewusstsein von dem, was fehlt, von dem, was zum Himmel schreit, zu wecken und wachzuhalten.«[22]

In den spirituellen Ressourcen der Religionen stecken große Potentiale, die auf Gerechtigkeit und Solidarität, Achtsamkeit, Mitgefühl und Frieden ausgerichtet sind. Sie sprechen Menschen auf einer tieferen Ebene an, wollen ihr Herz berühren und nicht nur an ihren Verstand appellieren. Sie zielen auf einen Wandel des Bewusstseins, auf eine oft radikale Umkehr und eine grundlegende Änderung von Haltungen und Einstellungen dem Leben gegenüber. Viele Menschen setzen sich gerade aus religiösen Motiven für Frieden und Gerechtigkeit, für eine neue Ehrfurcht vor dem Leben und einen genügsameren Lebensstil ein.

Gleichzeitig schlummern in Religionen auch große Gewaltpotentiale. Wo religiöse Gruppen die Wahrheit ausschließlich für sich beanspruchen, werden anders Denkende und Glaubende oft unerbittlich bekämpft, sei es in realen heiligen Kriegen oder geistigen Kreuzzügen. Religiöse Überzeugungen können immer auch dazu missbraucht werden, gegen Andersgläubige und Andersdenkende zu Felde zu ziehen,

Es sind also nicht nur die wechselseitigen Wahrheitsansprüche zwischen den Religionen, sondern auch rivalisierende Ansichten innerhalb der Religionen, die mit verbaler und realer Gewalt geführt werden. Und nicht selten lassen sich religiöse Repräsentanten von autokratischen Machthabern instrumentalisieren und legitimieren deren Gewaltanwendung gegen andere. Von daher sind viele skeptisch, ob von den Religionen überhaupt ein hilfreicher Beitrag zur Lösung globaler Probleme zu erwarten ist, oder ob sie nicht selbst Teil der Probleme sind und diese noch verstärken.

Über Religionen muss deshalb differenziert gesprochen werden. Es ist genauer zu fragen, ob es um friedensstiftende oder gewaltschürende Traditionen in den Religionen geht. Ich halte deshalb Ausschau nach spirituellen Ressourcen in den großen Religionen, die friedensfördernde Energien freisetzen, zu einem achtsamen Umgang mit der Erde einladen und motivierende Vorstellungen von einem guten Leben vermitteln.[23]

Der Blick richtet sich auf solche Stimmen und Traditionen in den Religionen, die den Streit um Dogmen, Lehren und Glaubenswahrheiten hintanstellen und dafür eintreten, dass sich die Religionen ihrer gemeinsamen Verantwortung im 21. Jahrhundert stellen. Es geht in dieser Hinsicht um einen interreligiösen Dialog, der zu gemeinsamem Handeln führt.

Die Weltreligionen können, davon ist zum Beispiel der Dalai Lama überzeugt, »dank ihrer ethischen Ressourcen einen wichtigen Beitrag zur Klärung der wichtigsten Anliegen der Menschheit leisten.« Sie müssen dazu ihre »doktrinären Differenzen zurückstellen und stattdessen versuchen, eine gemeinsame Stimme zu finden«. Der Dalai Lama fordert die Weltreligionen direkt heraus. Zugespitzt formuliert er:»Ethik ist wichtiger als Religion.«

Angesichts der gewaltigen globalen Herausforderungen dürfen die Religionen nicht länger um die Differenzen ihrer Lehren kreisen. Jetzt steht die Zukunft dieses Planeten auf dem Spiel. Abgrenzung und Fundamentalismus in den Religionen stehen dem im Wege. Eine »der unerlässlichen Vorbedingungen für echten Frieden in der Welt (ist) die Verständigung und die Harmonie zwischen den Weltreligionen«.[24] Der Dalai Lama geht sogar noch weiter:»Ich glaube, dass die Praxis des Mitgefühls und der Liebe – ein echtes Empfinden der Geschwisterlichkeit – die universale Religion ist.«[25]

Für seinen großen Einsatz für Frieden und Verständigung in der Einen Welt erhielt der Dalai Lama 1989 den Friedensnobelpreis. In der Begründung heißt es: Er »hat seine Friedensphilosophie auf der Grundlage von großer Ehrfurcht vor allen Lebewesen und der Vorstellung einer universellen Verantwortung, die sowohl die gesamte Menschheit als auch die Natur umfasst, entwickelt.«

Spirituelle Impulse auch für religiös Unmusikalische

Gleichzeitig wird es darum gehen, dass die spirituellen Ressourcen der Religionen in einer allgemein verständlichen Sprache erschlossen werden. Die »Übersetzung« von religiöser in säkulare Sprache hat Jürgen Habermas als wichtige Voraussetzung angesehen. Nur so können Anliegen, Visionen und Motive religiöser Menschen den »religiös Unmusikalischen« vermittelt werden.

Was hier mit dem Wort »Spiritualität« gemeint ist
Das Wort *Spiritualität* ist abgeleitet vom lateinischen Wort *spiritus*, das »Luft, Hauch, Atem, Geist, Begeisterung, Mut« bedeutet, ähnlich auch das entsprechende hebräische Wort *ruah*, das »Atem, Wind, Energie, Geist, vom Geist Bewirktes« meint.

»Spiritualität« ist heute zu einem Containerbegriff geworden, der in allen möglichen Kontexten und für sehr verschiedene Zwecke gebraucht wird, von religiösen Formen der Meditation bis hin zu esoterischen Praktiken. Menschen, die hier auf der Suche sind, geht es um persönliche und befreiende Erfahrungen von Ganzheit und Sinn. Dann können Prozesse in Gang kommen, durch die sie über sich hinausgehen und sich einem größeren Ganzen verbunden fühlen. Je nachdem machen sie dabei die Erfahrung, mit allen Menschen, mit der Natur, mit Gott oder einer letzten Wirklichkeit verbunden zu sein. Mystikerinnen und Mystiker aller Zeiten haben diese Erfahrung auch mit einem Ergriffensein oder Eins werden beschrieben.

Ein entscheidender Unterschied liegt darin, ob spirituelle Erfahrungen zum Rückzug in die Innerlichkeit und zur Weltflucht oder zum Engagement in der Welt führen. Für die notwendigen Transformationsprozesse in eine nachhaltige Entwicklung sind nur letztere von Interesse. In diesem Sinne geht es um spirituelle Erfahrungen, die Menschen aus Verstrickungen befreien und transformative Potentiale freisetzen. Diese sind nicht Angehörigen der Religionen vorbehalten, nein, sie sind auch für »religiös Unmusikalische« ohne Weiteres möglich, weil es sich um menschliche Grunderfahrungen handelt.

Es geht also um eine Form von Spiritualität, die zu sozialem und ökologischem Engagement führt, wie es der »Engagierte Buddhismus« anstrebt oder die lateinamerikanische Befreiungstheologie. Anders ausgedrückt: Es geht um eine Verbindung von »Kampf und Kontemplation«, so das Motto der Kommunität von Taizé, um »Mystik und Widerstand«, so die Theologin Dorothee Sölle. Oder wie es der Theologe und Widerstandskämpfer Dietrich Bonhoeffer ausgedrückt hat, um ein »Beten und Tun des Gerechten«. Eine solche Spiritualität ist politisch.

Deshalb geht es auch um eine wechselseitige Verständigung von Philosophie und Religion. Spannend erscheint mir von daher eine Vermittlung von philosophischen Reflexionen über Verantwortung mit den spirituellen Erfahrungen der Religionen. Es braucht eine Bündelung aller Kräfte, um der zerstörerischen Dynamik der gegenwärtigen Entwicklungen etwas wirksam entgegensetzen zu können.

In diesem Sinne hat das »Parlament der Weltreligionen« am 4. September 1993 in Chicago eine »Erklärung zum Weltethos« verabschiedet, die wesentlich vom katholischen Theologen Hans Küng initiiert wurde. Sie schließt mit einem Appell »an alle Menschen, religiöse oder nichtreligiöse, Verantwortung für eine bessere Weltordnung wahrzunehmen … Wir plädieren für einen individuellen und kollektiven Bewusstseinswandel, für ein Erwecken unserer spirituellen Kräfte durch Reflexion, Meditation, Gebet und positives Denken, für eine *Umkehr der Herzen* … Deshalb verpflichten wir uns auf ein gemeinsames Weltethos: auf ein besseres gegenseitiges Verstehen sowie auf sozialverträgliche, friedensfördernde und naturfreundliche Lebensformen.«[26]

Im Bericht des Club of Rome zu seinem 50-jährigen Bestehen weisen die Hauptautoren Ernst-Ulrich von Weizsäcker und Anders Wijkman darauf hin, dass der Umgang mit den heutigen Gefährdungen einerseits eine »neue Aufklärung für eine volle Welt« braucht, andererseits auch »eine spirituelle Dimension, einen moralischen Standpunkt«. Die »Aufklärung 2.0« sollte sich dabei auch »an den großartigen Traditionen anderer Zivilisationen orientieren.«[27]

Die Bedeutung der Religionen wird auch sonst wahrgenommen. So sieht etwa Uwe Schneidewind, der Präsident des Wuppertal-Instituts, in den Kirchen wichtige zivilgesellschaftliche Akteure und in den Ansätzen einer »transformativen Spiritualität« ein großes Potential.[28] Neu wahrgenommen wird die Bedeutung der Religionen auch im Entwicklungsdiskurs. Wolfram Stierle vom Bundesministerium für wirtschaftliche Zusammenarbeit und Ent-

wicklung sieht in den Religionen »unterschätzte Treiber der Transformation«. In Afrika etwa haben sie eine sehr hohe Bedeutung. Sie
stiften Identität, stärken den sozialen Zusammenhalt und ergreifen
Partei für Bedürftige.[29]

Der Soziologe Harald Welzer, der sich selbst als »religiös leider
total unmusikalisch« outet, sieht in den Religionen »Transzenden-
zagenturen«, die den Menschen »ein tiefes Wissen« darüber geben,
»dass es da eine Menge mehr gibt, was sich konsumistisch nicht
erschließt und schon gar nicht erfüllt …«.[30]

Die in den Religionen gepflegten Haltungen des Mitgefühls
und der Solidarität, der Genügsamkeit und der Hoffnung, können
wichtige Impulse bei der Suche nach zukunftsfähigen Lösungen
geben. Ihre Stärke liegt darin, dass sie nicht nur unseren Verstand,
sondern – vor allem auch und zuerst – uns auf der Ebene unserer
Gefühle ansprechen. Sie sprechen die Sehnsucht von Menschen
nach Frieden und Gerechtigkeit an und entwerfen Visionen von
einem guten Leben im Einklang mit der Natur.[31]

In eindrücklicher Weise haben hier der Dalai Lama und Papst
Franziskus vorgelegt. Beide haben sich vor großen internationalen
Treffen immer wieder zu Wort gemeldet und ein weltweites Echo
ausgelöst. Sie suchen den Dialog mit allen Menschen, seien sie religiös oder säkular geprägt. In überraschender Weise bringen sie die
spirituellen Erfahrungen ihrer Tradition mit neuen wissenschaftlichen Erkenntnissen ins Gespräch. Und nicht nur wissenschaftlich,
auch philosophisch und politisch sind sie auf der Höhe der Zeit.

Papst Franziskus ist dies besonders gut mit seiner Umwelt-Enzyklika *Laudato Sí* gelungen. Deshalb wähle ich sie als Ausgangspunkt, um sie anschließend ins Gespräch mit spirituellen Erfahrungen anderer religiöser Traditionen zu bringen. Es ergibt sich
manch überraschender spiritueller Doppelpass.

Hierzu werde ich aus der buddhistischen Tradition neben
dem Dalai Lama vor allem auch Thich Nhat Hanh zu Wort kommen lassen, den weltweit bekannten vietnamesischen Zen-Meister,
Friedensaktivisten und Poeten, den Martin Luther King 1967

für den Friedensnobelpreis vorgeschlagen hatte. Er sah in ihm einen »Apostel des Friedens und der Gewaltlosigkeit«. Seine Bücher wurden, wie die des Dalai Lama, in viele Sprachen übersetzt und erreichten eine Millionenauflage. Er vertritt, wie dieser, einen »Engagierten Buddhismus«, der Antworten auf die Herausforderungen des 21. Jahrhunderts geben will. Beide sind Schirmherren des »Internationalen Netzwerks Engagierter Buddhisten«.

Auch in der jüdisch-christlichen Tradition gibt es zahlreiche Anknüpfungspunkte für den notwendigen Bewusstseinswandel. Hier lohnt es sich an Albert Schweitzer und seine Ethik der »Ehrfurcht vor dem Leben« zu erinnern. Er war einer der Pioniere eines interreligiösen und interkulturellen Dialogs, der sich intensiv mit den Religionen und Kulturen Asiens beschäftigt hat. Auf die dritte der monotheistischen Religionen, den Islam, werde ich nur am Rande eingehen. In kurzen Einblendungen möchte ich auf Gemeinsamkeiten in den ethischen Grundanliegen hinweisen.

Papst Franziskus und die Sorge für das gemeinsame Haus

Die katholische Kirche sei eher ein »Nachzügler« in der seit Jahrzehnten geführten Umweltdiskussion, so der katholische Theologe Markus Vogt. Die protestantischen Kirchen haben sich hier schon in den 1980er- und 1990er-Jahren engagiert in die öffentliche Diskussion eingebracht und einen weltweiten »Konziliaren Prozess für Gerechtigkeit, Frieden und Bewahrung der Schöpfung« initiiert.

Papst Franziskus ist es hoch anzurechnen, dass er für die katholische Kirche dies mit seiner Umwelt-Enzyklika nachgeholt hat, und das in beeindruckender Weise.[32] Die Enzyklika *Laudato si´* erschien im September 2015 gezielt vor dem UN-Gipfel in New York und hat bei ihrem Erscheinen ein weltweites Echo ausgelöst. Für die folgenden Klimaverhandlungen in Paris war sie wohl ein entscheidender »Funke«, der den »Geist von Paris« beflügelte.[33] Sie trägt den Titel *Über die Sorge für das gemeinsame Haus.*[34]

Die Klage der Armen und der Erde hören

Die Enzyklika ist ein Aufruf »an alle Menschen guten Willens«, Verantwortung für die Erde zu übernehmen, um »unser gemeinsames Haus zu schützen« (LS 3, 13, 62). Sie fordert dazu auf, »die Klage der Armen ebenso zu hören wie die Klage der Erde« (LS 49). »Wir brauchen eine verantwortliche weltweite Reaktion, die darin besteht, gleichzeitig sowohl die Umweltverschmutzung als auch die Entwicklung der armen Länder und Regionen in Angriff zu nehmen« (LS 175). »Ich lade dringlich zu einem neuen Dialog ein über die Art und Weise, wie wir die Zukunft unseres Planeten gestalten … Wir brauchen eine neue universale Solidarität« (LS 14). Der gegenwärtige Lebensstil ist »unhaltbar« (LS 161).

Die Mythen der Moderne infrage stellen

»Eine Strategie für eine wirkliche Veränderung verlangt«, dass man »die Logik infrage stellt, die der gegenwärtigen Kultur zugrunde liegt.« Diese »perverse Logik« wird von den »Mythen« der Moderne wie »Individualismus, undefinierter Fortschritt, Konkurrenz, Konsumismus, regelloser Markt« gesteuert (LS 197, 210). Deshalb bedarf es »einer mutigen kulturellen Revolution«, die den »modernen Anthropozentrismus« überwindet und Widerstand gegen »den Vormarsch des technokratischen Paradigmas« leistet (LS 111, 114, 115).

Die tiefere Ursache der ökologischen Krise besteht nämlich darin, dass der Mensch die Verbindung zu den anderen Geschöpfen verloren hat und sich als »Herr und Eigentümer« der Erde sieht. Es ist die Denk- und Handlungsweise des »technokratischen Paradigmas«, das sich dem »modernen Mythos vom unbegrenzten materiellen Fortschritt« verschrieben hat (LS 78, 101, 108–109).

Eine neue Sicht entwickeln

Diese Sichtweise »des technokratischen Paradigmas« gilt es grundlegend zu ändern. Es braucht ein neues Bewusstsein, dass wir Menschen Teil der Schöpfung sind und in dieser »alles mit allem verbunden ist«. Wir sind in die Natur »eingeschlossen, sind ein Teil von ihr und leben mit ihr in wechselseitiger Durchdringung« (LS 139).

Schon durch unsere Leiblichkeit sind wir aufs Engste mit der Schöpfung verbunden: »Wir vergessen, dass wir selber Erde sind (vgl. Gen 2,7). Unser eigener Körper ist aus den Elementen des Planeten gebildet; seine Luft ist es, die uns den Atem gibt, und sein Wasser belebt und erquickt uns« (LS 2). Die Einsicht, dass »alles mit allem verbunden ist«, »alles aufeinander bezogen ist«, zieht sich wie ein roter Faden durch die ganze Enzyklika (u. a. LS 70, 89, 92, 117, 138, 240). Sie ist Dreh- und Angelpunkt der Enzyklika.

Aus dieser Verbundenheit mit allem, was existiert, ergibt sich unsere Verantwortung für die Bewahrung der Schöpfung. »Alles ist mit allem verbunden, darum ist eine Sorge für die Umwelt gefordert ...« (LS 91). »Wenn wir uns ... allem, was existiert, innerlich verbunden fühlen, werden Genügsamkeit und Fürsorge von selbst aufkommen« (LS 11).

Die neue Sicht besteht darin, den Menschen »als verantwortlichen Verwalter zu verstehen«, dem die Erde von Gott »anvertraut« ist, um sie zu »bebauen« und zu »hüten«. Dieses biblische Verständnis des Menschen nach Genesis 2,15 ist das Leitbild der Enzyklika. Verantwortung wird als »Sorge für« verstanden, als »in Obhut nehmen«, »hüten«, »schützen«. Weit über fünfzig Mal kommt Franziskus in seiner Enzyklika auf die so verstandene Verantwortung des Menschen zu sprechen (LS 67, 68, 78, 116, 232, 242).

Die heutige problematische Situation ist dadurch entstanden, dass der Mensch nicht gelernt hat mit seiner Macht umzugehen und »das enorme technologische Wachstum ... nicht mit der Entwicklung des Menschen in Verantwortlichkeit, Werten und Gewissen einher« ging (LS 105). Es braucht deshalb ein neues Verständnis einer »universalen Gemeinschaft« mit allen Geschöpfen und die entsprechende Sichtweise einer »ganzheitlichen Ökologie«, die uns »jene sublime Geschwisterlichkeit mit der gesamten Schöpfung« bewusst macht.

»Alles ist mit allem verbunden, und das lädt uns ein, eine Spiritualität der globalen Solidarität heranreifen zu lassen.« Es wird »nicht möglich sein, sich für große Dinge zu engagieren, allein mit Lehren, ohne eine ‚Mystik‘, die uns beseelt, ohne innere Beweggründe, die das persönliche und gemeinschaftliche Handeln anspornen, motivieren, ermutigen, ihm Sinn verleihen« (LS 137, 216, 240). Wir können dabei »auf die verschiedenen kulturellen Reichtümer der Völker, auf Kunst und Poesie ... zurückgreifen« (LS 63).

Innehalten und eine Kultur der Achtsamkeit pflegen

Es fällt uns in der »Flüchtigkeit« ständiger Neuerungen schwer, »innezuhalten, um die Tiefe des Lebens wiederzugewinnen« (LS 113). Doch nur so können wir eine Haltung entwickeln, die die

»Selbstbezogenheit durchbricht«, und eine »Achtsamkeit gegenüber anderen und der Umwelt« entwickeln. Indem wir uns selbst überschreiten, kann eine »auf dem Mitgefühl beruhende Achtsamkeit« wachsen (LS 208, 210). Achtsamkeit wird, wie im Buddhismus, auch für Franziskus zu einem Schlüsselbegriff der spirituellen Erneuerung.

Er plädiert ausdrücklich dafür, eine »Kultur der Achtsamkeit« zu fördern, »die die gesamte Gesellschaft erfüllt«. Sie könnte »die Umweltzerstörung wirksam aufhalten« (LS 231). Franz von Assisi, wie schon Jesus selbst, haben diese Achtsamkeit für die Schöpfung vorgelebt (LS 10, 97).

Politik, Wirtschaft und Wissenschaft in den Dienst des Lebens stellen

Zu der notwendigen grundsätzlichen Veränderung der Denk- und Handlungsweisen haben Religionen, Politik und Gesellschaft, Wirtschaft und Wissenschaft ihren spezifischen Beitrag zu leisten. »Wir brauchen eine Politik, deren Denken einen weiten Horizont umfasst und die einem neuen, ganzheitlichen Ansatz zum Durchbruch verhilft, indem sie die verschiedenen Aspekte der Krise in einen interdisziplinären Dialog aufnimmt« (LS 197). Ihr kommt die Aufgabe zu, partikulare Perspektiven und engstirnige Denkweisen aufzubrechen und Diskussionsforen und Plattformen zu schaffen für ein ganzheitliches und weitsichtiges Denken. »Teilantworten« auf einzelne Probleme reichen nicht mehr (LS 60, 111).

Es »besteht für uns heute die dringende Notwendigkeit, dass Politik und Wirtschaft sich im Dialog in den Dienst des Lebens stellen« und am Gemeinwohl ausrichten. »Die ganze Gesellschaft – und in ihr in besonderer Weise der Staat – hat die Pflicht, das Gemeinwohl zu verteidigen und zu fördern« (LS 189, 157). Er ist dabei auf die Mitwirkung und Mitgestaltung eines »ökologischen Bürgertums« angewiesen (LS 211). Das Dilemma besteht darin, dass die »existierende Weltordnung sich als unfähig erweist, Verantwortungen zu übernehmen ...« Die Hoffnung ruht deshalb darauf, dass auf lokaler und nationaler Ebene mit Unterstützung der Zivilgesellschaft eine weitsichtigere Politik entwickelt wird (LS 179).

Menschenwürde und Gemeinwohlorientierung müssten die gesamte Wirtschaftspolitik strukturieren. Das Gegenteil ist jedoch oft der Fall. Die »Vergötterung des Geldes«, das »regiert, statt zu dienen«, führt zu sozialer Ungleichheit, die viele Menschen ausschließt und Gewalt hervorbringt. Im Kern ist es die Dynamik des kapitalistischen Wirtschaftssystems, die diese in sozialer wie ökologischer Hinsicht zerstörerischen Prozesse vorantreibt. Seine Analyse mündet in der Enzyklika *Evangelium Gaudium* in den provozierenden Satz: »Diese Wirtschaft tötet« (EG 53–60).

Es gilt deshalb neu über den »Sinn des Wirtschaftens« nachzudenken und »den Fortschritt neu zu definieren ... Das Prinzip der Gewinnmaximierung ... ist eine Verzerrung des Wirtschaftsbegriffs, weil es die sozialen und Umweltschäden dieser Art zu wirtschaften ausblendet. Die Umwelt ist ein Gut, das von den Mechanismen des Marktes nicht geschützt wird. Unternehmen können sich hier, ebenso wie Konsument*innen, ihrer Verantwortung nicht entziehen (LS 190, 194–195, 206).

Beim Klimawandel gilt es »differenzierte Verantwortlichkeiten« zu benennen. Länder, die stärker von der Industrialisierung und den damit verbundenen hohen Emissionen an Treibhausgasen profitiert haben, haben auch zur Lösung der Probleme mehr beizutragen. Ebenso ist innerhalb von armen Ländern nach Gewinnern und Verlierern des Klimawandels zu differenzieren (LS 52, 170, 176). Verantwortlichkeiten sind stets differenziert zu sehen nach Systemen und Akteur*innen.

Für die Wissenschaften kommt es ebenfalls darauf an, in einen Dialog untereinander einzutreten, um die Scheuklappen der eigenen Disziplin abzulegen und Sichtweisen einer »ganzheitlichen Ökologie« zu entwickeln, die »die Wechselwirkungen der Natursysteme untereinander und mit den Sozialsystemen berücksichtigen« (LS 137–139, 201).

Die Religionen sind gefordert

»Der größte Teil der Bewohner des Planeten bezeichnet sich als Glaubende, und das müsste die Religionen veranlassen, einen Dialog miteinander aufzunehmen, der auf die Schonung der Natur, die Verteidigung der Armen und den Aufbau eines Netzes gegenseitiger Achtung und der Geschwisterlichkeit ausgerichtet ist.« Dieser interreligiöse Dialog ist eine notwendige Bedingung für den Frieden in der Welt. Von hier aus können wir gemeinsam die Verpflichtung übernehmen, der Gerechtigkeit und dem Frieden zu dienen, was zu einem grundlegenden Maßstab eines jeden Austauschs werden muss« (LS 201, 250).

Eine Frage der Würde

Es ist eine Frage der Würde, ob wir unsere Intelligenz zur Ausplünderung des Planeten einsetzen oder in den Dienst des Lebens stellen (LS 192). »Heute sind wir unter Gläubigen und Nichtgläubigen darüber einig, dass die Erde im Wesentlichen ein gemeinsames Erbe ist, dessen Früchte allen zugutekommen müssen« (LS 93). Insbesondere die Atmosphäre und die Ozeane sind, wie auch Wasser und Rohstoffe, ein gemeinsames Gut. Es wird dabei um ein Ausbalancieren gehen, die »Dinge in verantwortlicher Weise« zu gebrauchen und gleichzeitig den »Eigenwert« der anderen Lebewesen zu respektieren (LS 69). »Welche Art von Welt wollen wir denen überlassen, die nach uns kommen …?« Hier steht »unsere eigene Würde auf dem Spiel« (LS 160).

Wie die Kurve kriegen?

Erst innehalten, dann handeln

Achtsam wahrnehmen, was ist

Wo anfangen, um eingefahrene Denk- und Verhaltensweisen zu ändern? Mit Innehalten und wahrnehmen, was ist. Das ist leichter gesagt als getan in einer sich selbst beschleunigenden Welt. Deshalb ist ein achtsames Wahrnehmen, was uns beschäftigt und um uns gerade geschieht, von großer Bedeutung. Wer die Kurve kriegen will, sollte richtig ansetzen. Dabei helfen die spirituellen Anleitungen und Übungen zur Achtsamkeit, die besonders im Buddhismus eine zentrale Rolle spielen.

Hier ist jedoch vorab auf grundlegende Missverständnisse einzugehen. Das Anliegen des Buddha war nicht »Selbstimmunisierung« gegen die Unbill des Lebens, indem der Einzelne sich von der Welt abwendet und »in sich kehrt«, wie es der Soziologe Heinz Bude in seiner Studie *Solidarität* deutet. Der Buddhismus ist auch nicht als »Mystik der geschlossenen Augen« zu verstehen, etwa im Unterschied zum Christentum als »Mystik der offenen Augen«, wie es der Theologe Jean Baptist Metz bildreich ausdrückte. Die Einübung von Achtsamkeit zielt vielmehr auf ein Engagement in der Welt zum »Wohl aller Lebewesen«.

Abzugrenzen ist das ursprüngliche Anliegen der Achtsamkeitsübung auch von heute geläufigen Instrumentalisierungen, sei es zur Selbstoptimierung oder zur Leistungssteigerung von Mitarbeitenden in Unternehmen. Hier ist eine ganze »Achtsamkeitsindustrie« entstanden, die mit dem ursprünglichen Anliegen wenig zu tun hat.[35]

In der Tat ist Achtsamkeit »der Kern der buddhistischen Meditation.« Sie besteht für Thich Nhat Hanh zunächst einfach darin, innezuhalten und aufmerksam wahrzunehmen, was ist. Er empfiehlt, bei sich selbst zu beginnen und die eigenen inneren Regungen, Gedanken und Gefühle zu beobachten. Einfach zu beobachten, ohne zu bewerten. In der Praxis der Achtsamkeit »bedienen wir uns des klaren Geistes und der Stille, um offen und unvoreingenommen die Realität zu erkunden und tiefe Einblicke zu gewinnen.«[36]

Der vietnamesische Zen-Meister hat durch seine Vorträge und Bücher wesentlich dazu beigetragen, dass Achtsamkeit in Psychotherapie und Medizin, in Managementlehren und Meditationskursen zu einem zentralen Begriff im Westen geworden ist. Auch deshalb, weil es ihm gelungen ist, dies in sehr verständlicher, einladender und alltagstauglicher Form zu vermitteln. In seinem Klassiker *Ich pflanze ein Lächeln. Der Weg der Achtsamkeit* beschreibt er, wie Achtsamkeit eingeübt und in einfacher Weise in den Alltag integriert werden kann.

Achtsamkeit beginnt mit dem bewussten Atmen. Indem wir uns auf den Atem konzentrieren, ihn kommen und gehen lassen, verbinden wir Geist und Körper, »finden ganz zu uns zurück und begegnen dem Leben im gegenwärtigen Moment. Bei der Unruhe unserer Gesellschaft ist es ein großes Glück, von Zeit zu Zeit bewusst zu atmen.« Das ist gar nicht so trivial wie es vielleicht klingt. Denn »wir sind selten dort, wo unser Körper ist«, sagt die Meditationslehrerin Angela Geissler. Wir sind mit unseren Gedanken ständig woanders.

Bewusst atmen, so Thich Nhat Hanh, das können wir nicht nur im Meditationsraum, sondern auch »im Büro oder zu Hause, beim Autofahren oder im Bus …«[37] Ganz präsent sein im Körper, ganz bei sich im Hier und Jetzt, das ist das Ziel. So kommt unser geschäftiger Geist zur Ruhe.

Achtsamkeit, so der Dalai Lama, ermöglicht eine »Transformation« des Denkens auf einer »tieferen Ebene«, eine »Umorientierung von Geist und Herz weg vom Ich und hin zu den andern«. Es geht um das Erkennen von »destruktiven Emotionen« und »mentalen Belastungen« – wie »zum Beispiel Stress, Ängste, Frustrationen«, die ein klares Denken und einfühlsames Handeln behindern und blockieren. Durch »Meditation und Nachdenken« können wir eine »Klarheit des Geistes« gewinnen, »konstruktive Emotionen« fördern und so zu »mitfühlenderen und urteilsfähigeren Menschen« werden.[38]

Achtsamkeit ist inzwischen zwar auch ein Modewort. Doch sie ist zu Recht ein »Megatrend«, so der Zukunftsforscher Matthias Horx: »In einer überfüllten, überreizten, überkomplexen Welt müssen wir lernen, uns auf eine neue Weise auf uns selbst zu besinnen.« Die Managementlehrerin Angela Geissler bringt dies ganz einfach auf den Punkt: »Erst innehalten – dann handeln.« Und der Mediziner Volker Busch empfiehlt ständig abgelenkten Menschen wieder »Herr über die eigene Aufmerksamkeit zu werden.«

Interessant ist, dass nun auch Papst Franziskus dafür wirbt, eine »Kultur der Achtsamkeit« zu entwickeln. Ihm geht es vor allem um einen aufmerksamen Umgang mit Mitmenschen und Mitwelt. Pate gestanden haben dürfte dabei unter anderem der brasilianische Befreiungstheologe Leonardo Boff, der angesichts der Umweltzerstörung schon länger zu einer »sorgenden Achtsamkeit« im Umgang mit der Natur aufruft.

Gefühle und Stimmungen erspüren

Was heißt das, Achtsamkeit zu entwickeln? Es geht zunächst einfach darum, ganz wach und präsent zu sein, ganz bei sich, im Hier und Jetzt. Und dann sich umzuschauen und in sich hineinzuhören. So können wir erkennen, was uns persönlich und gesellschaftlich antreibt und unser Denken, Fühlen und Handeln lenkt.

Welche Gefühle stellen sich in mir ein, wenn ich an Klimawandel, Umweltzerstörung und kommende Generationen denke? Stellt sich da ein Gefühl der Angst ein? Oder ein Gefühl der Ohnmacht angesichts der sich beschleunigenden Entwicklungen? Oder ein Gefühl der Überforderung, weil man meint, man müsste selbst noch viel konsequenter leben? Oder ein Gefühl von Zorn und Frustration, weil politisch so wenig getan wird?

Es ist wichtig, Klarheit über die eigene Gefühlswelt zu bekommen. Denn Gefühle bestimmen unser Denken und Handeln, sie beflügeln oder blockieren uns, und zwar stärker als bisher angenommen. Die Neurowissenschaften haben dies anhand der Aktivitäten unserer Gehirnareale in bildgebenden Verfahren zeigen und nachweisen können. Unsere kognitiven Prozesse sind immer aufs Engste mit emotionalen und auch körperlichen Prozessen verbunden.[39]

Die »Macht der Stimmungen« hat der Soziologe Heinz Bude in *Das Gefühl der Welt* analysiert und dabei eine »Stimmung der Gereiztheit« in unserer deutschen Gesellschaft ausgemacht. Eine allgemeine gesellschaftliche Verunsicherung, Ängste vor sozialem Abstieg und gezielt geschürte Ängste vor Überfremdung bringen eine diffuse Stimmungslage hervor.

Ausgelöst und verstärkt werden diese von einer nie gekannten gesellschaftlichen Veränderungsdynamik. Um uns herum beschleunigen sich Entwicklungen, jagt eine technische Innovation die andere. Sie verändern unser Leben ständig und wir müssen schauen, wo wir bleiben. Sie verunsichern viele Menschen, die nicht mehr mitkommen. Globalisierung, Digitalisierung oder Künstliche Intelligenz sind solche Stichworte, die viele verunsichern.

Als Lebensgefühl stellt sich bei nicht wenigen ein, dass sie sich im gesellschaftlichen Wettlauf auf einer »Rolltreppe nach unten« befinden und immer schneller laufen müssen, um oben zu bleiben und mithalten zu können. Dieses »Stimmungsbild« hat der Soziologe Hartmut Rosa eingefangen.[40] Dahinter steht die Angst, abgehängt zu werden. Diese wird von vielen unmittelbarer erlebt als die Klimaproblematik. Deshalb muss bei der Frage der Kosten des Klimaschutzes auch ein sozialer Ausgleich mit bedacht werden.

Der Medienwissenschaftler Bernhard Pörksen sieht in einer radikal veränderten Medienwelt eine wesentliche Ursache der »großen Gereiztheit«. Was sich hier täglich ausbreitet an Informationsflut, Sensationslust, Fake News, Hass und Häme im Netz, das »verstört«. Widersprüchliches und Polarisierendes strömt auf einen ein. Viele treibt deshalb die Sorge um den Zusammenhalt der Gesellschaft um. »In 27 europäischen Staaten, so eine repräsentative Studie, herrscht das Empfinden, die eigene Gesellschaft sei gespalten.« Ein ungutes »Zeit- und Lebensgefühl«.[41]

Einflüsterungen erkennen

Und dann sind da die oft unbewussten Einflüsterungen unseres gesellschaftlichen Umfeldes. »Sei dein eigenes Projekt« war der den Zeitgeist treffende Slogan eines Fitnessstudios. Die Botschaft, die uns von vielen Seiten her erreicht: Du bist selbst deines Glückes Schmied, mach etwas aus deinem Leben! Selbstoptimierung als Glücksverheißung.

Der Philosoph Byung-Chul Han zeigt auf, wie das Loblied auf die individuelle Freiheit in die Irre führt und der damit suggerierte Leistungs- und Selbstoptimierungszwang in Selbstausbeutung umschlägt. »Der Neoliberalismus ist ein sehr effizientes, ja intelligentes System, die Freiheit selbst auszubeuten.«[42] Die Folgen sind die inzwischen weit verbreiteten Phänomene von Depressionen und Burn-out, die nach Prognosen der Weltgesundheitsorganisation (WHO) in den westlichen Ländern dramatisch zunehmen werden.

Der Theologe Dietrich Bonhoeffer erkannte in der Zeit der Nazi-Diktatur, dass es gesellschaftliche Entwicklungen geben kann, die so »übermächtig« werden, dass Menschen dadurch »dumm *gemacht* werden bzw. sich dumm machen lassen«. Dass sie »mächtig gewordenen Schlagworten, Parolen« verfallen, ihnen ihre »innere Selbständigkeit ... geraubt« wird und sie so zu »willenlosen Instrumenten« werden.

»Die Macht der einen braucht die Dummheit der andern«, lautet seine Schlussfolgerung daraus. Mit Argumenten ist dieser nicht beizukommen, denn sie ist keine Frage des Intellekts. In dieser Weise deformierte Menschen brauchen eine »innere Befreiung«.[43] Auch Albert Schweitzer sah, dass »der heutige Mensch der Einwirkung von Einflüssen ausgesetzt (ist), die ihm das Vertrauen in das eigene Denken nehmen wollen ... Der Geist der Zeit lässt ihn nicht zu sich selber kommen.«[44]

Einen starken Einfluss übt heute die Verlockung zum Konsum aus. Nicht wenige Menschen haben Konsumieren als Lebensstil verinnerlicht. Papst Franziskus kritisiert diesen gängigen »Konsumismus« als eine wesentliche Ursache von Ressourcenverbrauch und Umweltzerstörung.

Allein 10 Prozent des weltweiten CO_2-Ausstoßes werden rund um Textilien verursacht. Wenn viele Menschen sich hier davon befreien könnten, dass man durch Konsum nicht Identität kaufen kann, wäre schon viel gewonnen, so Christiana Figueres. Sie ist eine weltweit anerkannte Expertin in Fragen des Klimaschutzes. Als Generalsekretärin des Sekretariats der Klimarahmenkonvention der Vereinten Nationen war sie maßgeblich an der Ausarbeitung des Pariser Klimaschutzabkommens beteiligt.[45]

Angefeuert wird der Konsumrausch durch eine gigantische Werbeindustrie, die immer neue Bedürfnisse weckt und regelrecht zum Konsum verführt. »Ich könnte ständig kaufen gehn, kaufen ist wunderschön«, trällert Herbert Grönemeyer in seinem Song »Kaufen«. Dabei vermittelt die Werbung kaum sinnvolle Informationen über ein Produkt, führt vielmehr oft bewusst in die Irre.

Die horrenden Ausgaben für Werbung sind volkswirtschaftlich gesehen zudem völlig sinnlos und treiben nur den Preis für das beworbene Produkt in die Höhe, so der Ökonom Christian Kreiß in *Werbung – nein, danke*.[46] In Deutschland werden jährlich für Werbung 30 Milliarden Euro ausgegeben. Mindestens die Werbung im öffentlichen Raum und vor allem für Kinder sollte verboten werden. Weltweit werden gar 550 Milliarden US-Dollar in Werbung investiert.

Papst Franziskus sieht diese Zusammenhänge sehr klar: »Der zwanghafte Konsumismus ist das subjektive Spiegelbild des techno-ökonomischen Paradigmas … Dieses Modell wiegt alle in dem Glauben, frei zu sein, solange sie eine vermeintliche Konsumfreiheit haben, während in Wirklichkeit jene Minderheit die Freiheit besitzt, die die wirtschaftliche und finanzielle Macht innehat« (LS 203).

Klarheit gewinnen

Innehalten: wahrnehmen, was ist und in der Welt geschieht. Wenn wir dieses Innehalten überspringen, dann besteht die Gefahr, dass wir in Aktivismus verfallen oder lähmenden Ohnmachtsgefühlen erliegen. Immer wieder innezuhalten dagegen stärkt den langen Atem. Wir gewinnen eine größere Klarheit über uns und die gesellschaftliche Dynamik um uns herum.

Jede und jeder wird dabei entdecken, was ihn oder sie antreibt, motiviert oder blockiert. Für den Dalai Lama geht es vor allem darum, »die drei destruktiven Emotionen Ignoranz, Begehren/ Anhaften und Hass« zu erkennen und in positive Emotionen zu transformieren.

Für Thich Nhat Hanh lohnt es sich dabei auch die ganz alltägliche »Gewohnheitsenergie« wahrzunehmen, die unmerklich unser Leben steuert. Ein überraschender, doch erhellender Begriff. Wo springen wir an, was weckt unsere Energie? Was zieht Energie ab, wofür fehlt die Zeit? Erst wenn wir hier klarer sehen, können wir ein Stück unserer inneren Freiheit zurückgewinnen.[47] Für Papst Franziskus geht es darum, »innezuhalten, um die Tiefe des Lebens wiederzugewinnen« (LS 113).

Auch im Islam ist dies ein zentrales Anliegen. Es geht um einen inneren Prozess, um die »Läuterung des Herzens«, die Verwandlung negativer in positive Eigenschaften, um ein »Schmücken des Herzens mit guten Charaktereigenschaften«, wie es Al-Ghazali beschreibt. So soll der Glaube ins Herz und von da ins Tun kommen.[48]

Wo wir innehalten und achtsam wahrnehmen, was geschieht, kommt das ganze Ausmaß der bedrohlichen Entwicklungen in den Blick. Die Zerstörung der Lebensgrundlagen durch die Erderwärmung und die anhaltende Plünderung des Planeten, verbunden mit weltweiten sozialen Verwerfungen. Welche Einstellungen und Denkweisen stehen hinter diesen Entwicklungen? Wie sind sie entstanden und warum? Erst wenn wir diese erkennen, wird es möglich sein umzusteuern.

Die Hintergründe der sozial-ökologischen Krise durchschauen

Wie die geistigen Weichen neu gestellt wurden

Gewöhnlich fragen wir im Anschluss an das berühmte Zitat von Albert Einstein nach den »Denkweisen«, die unsere gegenwärtigen Probleme hervorgebracht haben. Albert Schweitzer sieht die Ursache in der zugrunde liegenden »Gesinnung«: »Das Heil der Welt liegt nicht in anderen Maßnahmen, sondern in einer anderen Gesinnung.« Der Dalai Lama spricht in der buddhistischen Tradition von »Geisteszuständen«, Thich Nhat Hanh von »Geistesformationen«, die ein entsprechendes Handeln jeweils hervorbringen.[49]

Dieser letzte Begriff scheint mir besonders geeignet, weil hier mit dem Begriff des Geistes die kognitive und die emotionale Dimension als Einheit gesehen werden. Zugleich wird mit dem Begriff der Formation die Veränderbarkeit von kognitiven und emotionalen Verschaltungsmustern im Gehirn signalisiert.

Denn die zugleich segensreichen wie zerstörerischen Entwicklungen sind nicht nur durch neue naturwissenschaftliche Erkenntnisse und technische Erfindungen, sondern vor allem auch durch damit verbundene Wünsche und Hoffnungen sowie Konkurrenzdenken und Machtinteressen hervorgebracht worden. Diese Zusammenhänge gilt es zu verstehen. Wie kam es dazu?

Papst Franziskus sieht die Ursachen dafür im »technokratischen Paradigma«, das sich mit der neuzeitlichen Wissenschaft und Technik entwickelt hat. Der Mensch hat darin die Verbindung zu den anderen Geschöpfen verloren. Die Natur wird für ihn zum bloßen Objekt, über das er nach Belieben verfügen kann. Ein »despotischer Anthropozentrismus« ist entstanden, der auf die anderen Geschöpfe keine Rücksicht mehr nimmt.

Fatal ist dabei die Verbindung von Techno-Wissenschaft und Finanzwesen, so dass die Entwicklungen durch »die Interessen bestimmter Machtgruppen« gesteuert werden. Dabei könnte »eine gut ausgerichtete Technoscience »wertvolle Dinge produzieren« (LS 20, 68, 103, 107).

Diese Entwicklungen zur modernen Naturwissenschaft und Technik gilt es noch besser zu verstehen. Der Philosoph Georg Picht hat deshalb nach der in Wissenschaft und Technik »eingefrorenen geistigen Überlieferung« gefragt, die diese Entwicklungen hervorgebracht hat. Diese zu verstehen würde helfen, die »Freiheit des Menschen in der technischen Welt« zurückzugewinnen. Deshalb lohnt sich ein kurzer Blick in die Geschichte.[50]

Galilei, Bacon und Descartes bereiten das neue Denken vor

Bereits im Mittelalter entwickelte sich mit der Entdeckung der Naturkräfte und der damit verbundenen Erfindung von Wasserrädern und Windmühlen eine große Technikbegeisterung. Roger Bacon (1214–1294) träumte schon von Flugmaschinen und Wagen, die mit unglaublicher Geschwindigkeit fahren werden, und experimentierte mit Schießpulver und Verbrennungsspiegeln im Interesse der päpstlichen Weltherrschaft angesichts mongolischer Einfälle. Das Aufkommen einer »kalkulatorischen Denkart« und die Erfindung der mechanischen Uhr begünstigten das exakte Rechnen und Messen. Das erste »Rechenbuch« von Leonardo Pisano erschien 1202.

Die Entwicklung zur modernen Naturwissenschaft und Technik um 1600 n. Chr. ist dann vor allem mit drei Namen verbunden: Galileo Galilei, Francis Bacon und René Descartes. Galilei entwickelt den methodischen Neuansatz, indem er Naturwissenschaft und Technik verbindet, die bis dahin nebeneinander her existierten. Durch Überprüfung von Hypothesen im Experiment können nun die Gesetze der Natur entdeckt werden.[51]

Francis Bacon ist von den drei großen Entdeckungen von Kompass, Schießpulver und Buchdruck fasziniert. Vor diesem Hintergrund formuliert er das Programm einer vollständigen Naturbeherrschung durch die Einrichtung von Forschungsinstituten und die Koordination des Wissens, »um möglichst alle Dinge bewerkstelligen zu können.« »Wissen ist Macht« wird das Schlüsselwort dieses Wissenschaftsprogramms. Wer weiß, wie man die Natur nutzen kann, bekommt Macht. Der Historiker Lynn White wertet dieses »Baconsche Glaubensbekenntnis« als bedeutendstes Ereignis der Menschheitsgeschichte seit Erfindung des Ackerbaus.

René Descartes, selbst Mathematiker, liefert dazu die passende Philosophie. Auch er ist vom Fortschritt in Naturwissenschaft und Technik begeistert. Dieser ermögliche es, die Kräfte der Natur zu erforschen und sie »zu allem möglichen Gebrauch zu verwerten und uns auf diese Weise zu Herrn und Eigentümern der Natur zu machen.«

Der ständige Fortschritt wird es möglich machen, dass »man mühelos die Früchte der Erde und alle deren Annehmlichkeiten genießen« kann. So könnten wir zum Beispiel durch den Fortschritt in der Medizin viele Krankheiten »loswerden«, »vielleicht sogar auch die Altersschwäche ...«[52]

Im Zuge dieser Fortschrittsbegeisterung vollzieht sich aber eine verhängnisvolle Verschiebung im Selbstverständnis des Menschen. Indem er sich als »Herr und Eigentümer« versteht, tritt er in ein schrankenloses Herrschaftsverhältnis zur Natur. Die Natur wird zum bloßen Objekt. Damit geht das Verständnis verloren, dass wir selbst Teil der Natur sind und uns deshalb auch umsichtig und rücksichtsvoll in ihr bewegen sollten.

Isaac Newton schließlich verdichtet die neuen naturwissenschaftlichen Erkenntnisse zum von da an gültigen »mechanistischen Weltbild«. Die Natur wird fortan im Maschinenmodell gedacht. In der Folge der einsetzenden Industrialisierung entsteht eine große Begeisterung für Maschinen und für alles, was man damit machen kann. Der aufkommende Frühkapitalismus liefert dazu dann das dynamische wirtschaftliche System. Im Traum vom grenzenlosen Fortschritt bündeln sich die Energien.

Die Begeisterung kennt keine Grenzen

Wissenschaft und Technik haben über die Jahrhunderte eine ungeheure Faszination ausgeübt. Das zeigen die Berichte über die

Errungenschaften des Industriezeitalters. Der Hirnforscher Gerald
Hüther erinnert daran, mit »welchem Enthusiasmus die Einführung der Dampfmaschine, der Eisenbahn, des Autos, des Telefons,
der Flugzeuge, Waschmaschinen oder Dampfbügeleisen in den
Medien damals gefeiert wurden.«

Und dies hat unsere Art zu denken tief beeinflusst. »Wer sich
für eine bestimmte Idee begeistert, bekommt auch ein Hirn, mit
dem er seiner Begeisterung besonders gut nachgehen, mit dem er
diese Idee besonders gut verfolgen kann.« Durch die Faszination
technischer Möglichkeiten entsteht eine entsprechende Art des
Denkens. Emotionale Verschaltungsmuster werden erregt und
spornen das Gehirn zu Höchstleistungen an.[53]

Die Faszination technischer Innovationen geht bis heute fast
ungebrochen weiter. Das Silicon Valley ist dafür Symbol und moderne Pilgerstätte. Das bestätigt auch der Computerwissenschaftler
Jaron Lanier, der das Silicon Valley und andere High-Tech-Welten
von innen kennt: »Überall unterlagen die Menschen der Faszination der digitalen Netzwerke« und dem Traum der »Grenzenlosig-
keit«, die sich damit auftut. Die damit verbundene »Fortschritts-
gläubigkeit« der Technologen treibt die Entwicklungen immer
weiter voran, »ohne genau zu wissen, wohin wir eigentlich gehen.«
Aber sie schaffen damit »Fakten«, verändern ständig die Welt.[54]

Digitalisierung, Künstliche Intelligenz oder autonomes Fahren
beflügeln Wissenschaftler*innen, Ingenieur*innen, Unternehmen
und Politik gleichermaßen, immer auch in Sorge um den Verlust
von Wettbewerbsvorteilen. Kaum jemand fragt, was davon wirklich
für einen gesellschaftlich wünschenswerten Fortschritt notwendig
ist und in welche Abhängigkeiten man sich mit derart anfälligen
Systemen begibt.

Für Georg Picht hat »die verwegene Jagd nach ungeahnten
Möglichkeiten … auf ganze Generationen von Wissenschaftlern
und Technikern wie ein Rauschgift gewirkt.« Möglich geworden
sei dies »durch eine Umwendung des menschlichen Bewusstseins
… Das Denken hat gleichsam eine Drehung vollzogen, die viele

Jahrhunderte in Anspruch genommen hat. Es blickt nicht mehr in den Horizont der Wahrheit; es blickt in das Feld der unbegrenzten Möglichkeiten.«

Die moderne Wissenschaft sucht nicht mehr nach Wahrheit oder den Spuren Gottes in der Schöpfung. Sie hat eine »technokratische Denkweise« entwickelt, um die Natur zu beherrschen. Was ist machbar wird für sie zur Leitfrage. Sie jagt, so Picht, den ungeahnten Möglichkeiten nach, jedoch ohne jeden »strategischen Plan«. Die technische Welt ist deshalb nicht »das Produkt rationaler Planung«, sondern »das Ergebnis unbeabsichtigter Nebenwirkungen« und »nicht koordinierter technischer Einzelprojekte«. In der Summe steigert sich dadurch »die Irrationalität des Gesamtzustandes.«

Was dann nach Picht hinzukommt: »Mit jeder neuen Stufe des technologischen Fortschritts wachsen die Anforderungen an die soziale Infrastruktur exponentiell.« Was wird zum Beispiel nicht alles investiert in Straßen, Tankstellen, Ladesäulen und nun auch noch in 5G-Netze für den Traum vom autonomen Fahren. Doch die sozialen und ökologischen Kosten werden nicht auf die Produkte aufgeschlagen, sondern ausgeblendet und der Allgemeinheit aufgebürdet.

Es ist absehbar, wann der Punkt erreicht sein wird, »an dem die gesamtwirtschaftlichen Kosten des technologischen Fortschritts größer sind als die Summe der durch ihn zu erzielenden Gewinne.« Jede wachstumsorientierte technisch-industrielle Produktion wird dazu führen, dass irgendwann »die Infrastrukturen kollabieren.« Zudem ist grenzenloses Wachstum auf einem begrenzten Planeten mit begrenzten Ressourcen unmöglich.

Interessant ist, dass Georg Picht diese weitsichtigen Gedanken schon vor fünfzig Jahren formulierte. Er hat daraus gefolgert, dass ein »radikaler Wandel der Zielsetzungen und des Bewusstseins« nötig ist. »Nicht mehr dem Traum von unbegrenzten Möglichkeiten nachjagen«, sondern erforschen, was »unentbehrlich« ist für die elementaren Lebensbedingungen einer wachsenden Weltbevöl-

kerung. Den »Plunder«, d.h. den größten Teil des heutigen Mas-
senkonsums in den hochindustrialisierten Ländern, müssen wir
»über Bord werfen.«[55] Vor fünfzig Jahren so hellsichtig analysiert![56]

In der Coronakrise haben wir erlebt, wie schnell Infrastrukturen und globale Versorgungsketten zusammenbrechen können und
welche gigantischen Summen aufgewendet werden müssen, um
das Gesamtsystem zu stabilisieren. Komplexe Systeme sind äußerst
anfällig, Systemausfälle da oder dort können zum Zusammenbruch
des ganzen Systems führen. Deshalb ist es klug, möglichst eigenständige Infrastrukturen und Teilsysteme aufzubauen, die resilient
und robust sind. Dies bedeutet zum Beispiel, die Stromversorgung
dezentral oder die Versorgung mit Nahrungsmitteln regional zu
organisieren.

Der Kapitalismus beflügelt die technische Entwicklung

Der technische Fortschritt ermöglichte neue Formen der Produktion und effizientere Herstellungsprozesse. Dies begünstigte die
Entstehung des modernen Kapitalismus. Die taz-Wirtschaftskorres-
pondentin Ulrike Herrmann zeichnet diese Entwicklungen in *Der
Sieg des Kapitalismus* detailliert nach. Was wir heute die »industrielle Revolution« nennen, begann ganz unscheinbar um 1760 im
Nordwesten Englands. Textilfabrikanten kamen auf die Idee, Web-
stühle und Spinnereien zu mechanisieren.

»England hatte die teuersten Arbeitskräfte und die billigs-
te Energie … Nur in England war es profitabel, Menschen durch
Maschinen zu ersetzen.« Erstmals in der Geschichte wurde die
menschliche Arbeitskraft systematisch durch Technik ersetzt. Ef-
fiziente Produktionsprozesse und technischer Fortschritt sind fortan die Antriebskräfte dieser neuen Form des Wirtschaftens. Der
Durchbruch kam dann mit der Eisenbahn.[57]

Für diesen fundamentalen Wandel hat der österreichische
Ökonom Joseph Schumpeter ein sprechendes Bild gebraucht:
»Man kann beliebig viele Postkutschen aneinanderreihen – und
trotzdem wird daraus niemals eine Eisenbahn.« Es sind die tech-

nischen Revolutionen, die die ungeheure wirtschaftliche Dynamik im Kapitalismus erzeugen und die, wie Schumpeter es nennt, als »kreative Zerstörungen« daherkommen, Altes verschwinden und Neues entstehen lassen.

In dieser, durch »die Maschine« angestoßenen Entwicklung, gewinnt »der Markt« eine »beherrschende Rolle« im Wirtschaftssystem. Dies, so Karl Polanyi in seinem 1944 erschienen Klassiker *The Great Transformation*, führt dazu, dass die »Gesellschaft zum Anhängsel des Marktes« wird: »Die Wirtschaft ist nicht mehr in die sozialen Beziehungen eingebettet, sondern die sozialen Beziehungen sind in das Wirtschafssystem eingebettet.« Im kapitalistischen System mit seinem freien Spiel der Kräfte löst sich die Wirtschaft aus den kulturellen Einbettungen der Gesellschaft und verselbstständigt sich ihr gegenüber.[58]

»Marktwirtschaft« ist für diese neue Form des Wirtschaftens nicht die richtige Bezeichnung. Der Begriff »Kapitalismus« beschreibt viel präziser, was die heutige Wirtschaftsform ausmacht: Es geht um den Einsatz von Kapital mit dem Ziel, hinterher noch mehr Kapital zu besitzen, also einen Gewinn zu erzielen. Es handelt sich um einen Prozess, der exponentielles Wachstum erzeugt. Der Kapitalismus ist deshalb auf Gedeih und Verderb auf Wachstum angewiesen. In einer endlichen Welt kann es jedoch kein unendliches Wachstum geben. Das, so Ulrike Herrmann, hat zu unserem heutigen Dilemma geführt.[59]

Goethes geniale Weitsicht

Ökonomische Analysen müssen nicht nüchtern daherkommen. Sie können auch literarisch spannend aufbereitet werden, etwa in Form eines Dramas. Dann werden Zuschauer und Leserinnen mitten hineingenommen und erleben, wie sehr wirtschaftliche Prozesse von menschlichen Leidenschaften angetrieben werden. Goethe ist dies im *Faust* in genialer Weise gelungen. Dies zeigt der Schweizer Ökonom Hans-Christoph Binswanger in *Geld und Magie* eindrucksvoll auf.

Der erste Teil der Tragödie handelt vom Drama der Liebe, der zweite vom Drama der Wirtschaft. Goethe deutet die aufkommende moderne Wirtschaft »als einen alchemistischen Prozess, als die Suche nach dem künstlichen Gold.« Dies erklärt die Faszination, die von ihr ausgeht und Menschen süchtig machen kann.[60]

Mit der Papiergeldschöpfung ist im Dama das gesuchte künstliche Gold gefunden. Die Geldnoten sind »gedeckt« durch die im Boden vergrabenen Bodenschätze und »legalisiert« durch die Unterschrift des Kaisers. So verkündet es der Kanzler im Lustgarten im 1. Akt: »Zu wissen sei es jedem, der's begehrt: Der Zettel hier ist tausend Kronen wert. Ihm liegt gesichert als gewisses Pfand Unzahl vergrabnen Guts im Kaiserland. Nun ist gesorgt damit der reiche Schatz, sogleich gehoben, diene zum Ersatz.«

Damit beginnt, so Binswanger, der moderne »alchemistische Prozess der Verwandlung der Natur in Rohstoffe und der Verwandlung der Rohstoffe in Geld«. Mit den neuen technischen Möglichkeiten ist die Ausbeutung von Bodenschätzen und eine entsprechende Ansammlung von Kapital möglich geworden. Und mit der Ansammlung von Kapital wiederum eine noch größere Ausbeutung an Bodenschätzen. Interessant ist, dass Goethe sich hier auf Adam Smith bezieht und seine Bemerkung, dass die Notengeldschöpfung eine »verständige« und »kluge« Bankoperation sei. Das Papiergeld habe »dädalische Flügel«, könne in Windeseile Reichtum vermehren.

Goethe zeigt, wie der alchemistische Prozess »über die bloße Geldschöpfung hinaus zur realen Wertschöpfung führt.« Auf die Frage des Mephistopheles nach Fausts höchstem Begehren, antwortet dieser im 4. Akt: »Herrschaft gewinn ich, Eigentum.« Dazu Binswanger: »Der entscheidende Herrschaftsanspruch, den das Eigentum vermittelt, ist der Herrschaftsanspruch über die Natur.«[61]

Papiergeld schafft Geld aus dem Nichts, es kommt durch Kredite in Umlauf, ermöglicht die Aneignung der Natur und ihrer

Bodenschätze, und wird so zu Realkapital. Goethe erkennt, dass hier eine Reihe von Faktoren zusammenwirken muss, um den alchemistischen Prozess der modernen Wirtschaft zu beflügeln: Technischer Fortschritt, der Einsatz von Maschinen und Energie, menschliche Leidenschaften wie Gewalt, Habgier oder Geiz. Der »Stein der Weisen«, der damit gefunden wird, kann »nichts anderes sein als das Geldkapital, das, selber Geld, wiederum Geld schafft.«

Ein unendlicher Prozess der Geldschöpfung und damit der Besitzergreifung der Welt kommt in Gang. Davon fasziniert ruft Faust aus: »Doch schauen Geister, würdig, tief zu schauen, zum Grenzenlosen grenzenlos Vertrauen.« In der Wette mit Mephistopheles hat Faust das für ihn höchste Gut verpfändet, die Zeit: »Dann sei die Zeit für mich vorbei.« Am Ende verliert er die Wette. »Er verliert *die Zeit* gerade in dem Moment, wo er meint, sie durch seine Vision des ewigen Fortschritts festhalten zu können!« »Man kann dann geradezu sagen: Das Gelingen des alchemistischen Prozesses ist die Ursache seines Scheiterns.«[62]

Scheitert der Kapitalismus gerade an seinem Erfolg? Goethe hat mit dem Beginn der industriellen Revolution die Anfänge dieser Entwicklung erlebt und erkannt, welche Faszination von dieser Art des Wirtschaftens ausgeht. Und welch hoher Preis damit verbunden sein kann.

Die Richtung ändern

Wenn Korrekturen nicht mehr reichen, dann muss sich die ganze Richtung ändern. Kehrtwende. Umkehr. Und damit haben Religionen Erfahrung. Das ist ihr Thema. Wo sich Dinge in die falsche Richtung entwickelten, haben sie zur Umkehr gerufen oder zu einem Wandel des Bewusstseins inspiriert. Das Radikale besteht dabei zunächst nicht in einer umstürzlerischen Änderung der Verhältnisse, sondern in einer neuen inneren Einstellung.

Umkehr in der jüdisch-christlichen Tradition

Im Judentum gab es »Experten« für das Thema Umkehr. Es waren die Propheten, die der Rabbiner Leo Baeck als die »religiösen Genies« des Judentums bezeichnet hat. In Krisenzeiten haben sie das Volk und insbesondere die Mächtigen zur Umkehr gerufen. Sie waren zur Stelle, wenn Könige sich in Großmachtträume verrannt und aufs falsche Pferd gesetzt haben. Sie erhoben ihre Stimme gegen die Ausgrenzung der Armen und Ausbeutung der Kleinbauern durch harte Kreditauflagen.

»Kehrt um, wendet euch ab von allen euren Rechtsbrüchen … schafft euch ein neues Herz und einen neuen Geist … Kehrt um, lebt!« (Hesekiel 18,30–32). Umkehr meint konkret ein Umkehren vom falschen Weg. Das hebräische Wort *teschuva* hat die Bedeutung einer Umkehr mit den Füßen, also einer konkreten Richtungsänderung des persönlichen oder gesellschaftlichen Weges, so der jüdische Rabbiner Schalom Ben Chorin.

Der prophetische Ruf zur Umkehr wird im Neuen Testament aufgegriffen und fortgesetzt. So beginnt auch Jesus sein öffentliches Auftreten mit einem Ruf zur Umkehr. »Die Gottesherrschaft ist nahegekommen! Kehrt zum Leben um und vertraut dem Evangelium!« (Markus 1,15). Das griechische Wort *metanoeite*, »kehrt um«, meint eine Änderung des Sinns, des gesamten Denkens. Dass das »Reich Gottes« nahe ist, das ist seine »frohe Botschaft« vor allem an die Armen und Unterdrückten. In Palästina herrscht zu jener Zeit eine große Armut. Großgrundbesitzer vertreiben Kleinbauern von ihrem Land. Ein Heer von arbeits- und obdachlosen Menschen entsteht. Mit scharfen Worten kritisiert Jesus die Habgier der Reichen seiner Zeit und ruft sie zur Umkehr.

In den ersten Jahrhunderten n. Chr. waren Christinnen und Christen eine unterdrückte und oft verfolgte Minderheit im Römischen Reich. Der Apostel Paulus ermutigt die kleine Gemeinde in Rom zu einem eigenständigen kritischen Denken: »Schwimmt nicht mit dem Strom, sondern macht euch von den Strukturen dieser Zeit frei, indem ihr euer Denken erneuert. Dann wird euch deutlich, was Gott will: das Gute, das, was Gott Freude macht, das Vollkommene« (Römer 12,2). Paulus geht es, so das griechische Wort, um eine »Metamorphose«, eine Verwandlung und Umformung des Sinns, des Geistes, wofür das griechische Wort *nous* steht.

In diesem Sinne ist die Umweltkrise für Papst Franziskus ein unüberhörbarer »Aufruf zu einer tiefgreifenden inneren Umkehr«. Eine »gesunde Beziehung zur Schöpfung« kann nur gelingen, wenn es zu einer »vollständigen Umkehr des Menschen« kommt, die mit einem »Wandel des Herzens« verbunden ist (LS 216–218). Heute wird dafür öfter der Begriff einer »transformativen Spiritualität« verwendet. Franziskus weist dabei besonders darauf hin, dass es nicht nur um eine »ökologische Umkehr«, sondern um eine »sozial-ökologische Transformation« geht, d. h. »die Klage der Armen genauso zu hören wie die Klage der Erde« (LS 49).

Transformation des Bewusstseins – der buddhistische Ansatz

Auch für den Dalai Lama bleiben alle »unsere Probleme … jedenfalls solange ungelöst, wie wir unsere innere Dimension weiterhin ignorieren.« Deswegen möchte er keine politische, wirtschaftliche oder technische, sondern »eine ethische Revolution ausrufen«. Sie besteht in einer radikalen Umorientierung unseres Denkens. Es war schon immer das »Ziel der Religionen«, »unseren Egoismus einzudämmen und den anderen zu dienen«. Eine solche »Umwandlung des Geistes« braucht eine »intensive Arbeit an sich selbst«, eine »Einübung mittels Meditation«, um die Muster unseres Gehirns nachhaltig zu verändern.[63]

Meditation und Übungen der Achtsamkeit sind auch für Thich Nhat Hanh der Schlüssel für grundlegende Transformationsprozesse. Er stellt dabei klar, dass Meditation nicht bedeutet, aus der Gesellschaft auszusteigen, der Gesellschaft zu entfliehen, sondern sich auf ein verstärktes Engagement für die Gesellschaft vorzubereiten. »Wenn wir unser individuelles Bewusstsein transformieren, setzen wir den Veränderungsprozess des kollektiven Bewusstseins in Gang. Ohne persönliche Veränderung ist keine Transformation des Weltbewusstseins möglich.« »Ohne spirituelle Dimension und Übung lässt sich die Lage der Welt kaum wirklich verbessern.«[64]

Für diese spirituelle Praxis formuliert Thich Nhat Hanh die fünf Achtsamkeitsübungen (*mindfulness trainings*) der buddhistischen Tradition neu, die jedoch jeder »ungeachtet seiner spirituellen Tradition oder seines kulturellen Hintergrundes anwenden kann.« Sie verkörpern die buddhistische Vision einer globalen Spiritualität und Ethik. Es geht dabei um die Einübung einer »Ehrfurcht vor dem Leben« und den festen Entschluss, »nicht zu töten und nicht zuzulassen, dass andere töten«. Es geht um die Einübung von »Großzügigkeit«, um Ausbeutung und Unterdrückung etwas entgegenzusetzen und »andere davon abzuhalten, sich am Leid anderer Menschen und Lebewesen zu bereichern.«

Es geht um »sexuelle Verantwortung« und den Schutz von Familien und die Integrität von Kindern. »Tiefes Zuhören und liebevolle Rede« beugen Missverständnissen und Verletzungen vor und tragen so zu Verständnis und friedlichen Konfliktlösungen bei. Und schließlich ist »achtsames Konsumieren« von entscheidender Bedeutung, um »schädlichen Einflüssen« zu entgehen und »körperliche und geistige Gesundheit« zu fördern. Diese Achtsamkeitsübungen bestärken uns darin, »zum Wohl aller Wesen einfacher, gesünder und mitfühlender zu leben.«[65]

Im Kern geht es für ihn darum, unsere außengesteuerte Lebensweise zu ändern und so unsere innere Freiheit zurückzugewinnen. Wir sind und werden »in der heutigen Gesellschaft derart beschäftigt, dass wir nicht einmal Zeit haben, gut für uns selbst zu sorgen.« Wir »rennen vor uns selbst weg«, die Technik beschleunigt diesen Prozess. Deshalb braucht es eine »sanfte Revolution: ein Erwachen in jedem Einzelnen … Wenn viele Menschen aufwachen, können sich die Dinge sehr schnell ändern. Deshalb sollte alles, was wir tun, dazu führen, ein kollektives Erwachen einzuleiten«.[66]

Dass eine solche Änderung unserer Denk- und Sichtweisen möglich ist, bestätigt der bekannte amerikanische Hirnforscher Daniel J. Siegel. In *Mindsight* beschreibt er sehr anschaulich die

»Neuroplastizität unseres Gehirns«: »Die Art, die Aufmerksamkeit auszurichten, formt die Hirnstruktur.« Das heißt, »dass das Vermögen, die Aufmerksamkeit auf etwas zu richten, auch die Kraft in sich birgt, die Feuerungsmuster unseres Gehirns zu lenken sowie die Struktur des Gehirns an sich umzuformen.«

Dadurch wird es möglich, »die Muster des Energie- und Informationsflusses innerhalb einer Kultur«, die »von Generation zu Generation weitergegeben werden«, zu verändern, und so »den Lauf der kulturellen Evolution in eine positive Richtung zu lenken … Wir können beschließen, die Natur des Geistes zum Nutzen aller jetzt Lebenden und für kommende Generationen, die auf dieser Erde wandeln, diese Luft atmen und ein Leben führen werden, zu fördern und weiter zu entfalten.«[67]

Unsere Art zu denken hat unsere sozialen und ökonomischen Strukturen hervorgebracht. Deshalb können wir diese auch nur verändern, wenn wir unsere Art zu denken ändern. »Solange die Antriebskräfte der sozial-ökologischen Krisen nicht identifiziert sind … können wir sie nicht verlassen.« Aus einer buddhistischen Perspektive, so Manfred Folkers, sind dies die individuellen Antriebe von »Begehren, Abneigung und Täuschung«, die sich gesellschaftlich »als Wachstumsprinzip, Konkurrenzprinzip und Folgenleugnungsprinzip verselbständigt und zu ökonomischen Dogmen verfestigt haben.« Die Abkehr von dieser Form einer »Gier-Ökonomie« hin zu einer von »Wohlwollen und Solidarität bestimmten Wirtschaft« erfordert deshalb zuerst auf einer tieferen Ebene »einen inneren Wandel«.[68]

Wir müssen also viel stärker »äußere und innere Welt zusammendenken«, um von innen her den Bewusstseinswandel zu gestalten. Dies ist die Erfahrung von Christiana Figueres und Tom Rivett-Carnac, die geschäftsführend die Vorberatungen zum Pariser Klimagipfel koordiniert und damit wesentlich zu dessen Gelingen beigetragen haben.[69]

Ohne »Leidenschaft« ändert sich nichts grundlegend. Davon ist Papst Franziskus überzeugt:

> »Denn es wird nicht möglich sein, sich für große Dinge zu engagieren allein mit Lehren, ohne eine ‚Mystik‘, die uns beseelt, ohne innere Beweggründe, die das persönliche und gemeinschaftliche Handeln anspornen, motivieren, ermutigen und ihm Sinn verleihen.«

Tiefgreifende Änderungen unseres Verhaltens brauchen einen »Wandel des Herzens«. Dann gelingt es, »Kreativität zu entfalten und Begeisterung zu steigern, um die Dramen der Welt zu lösen …« (LS 216–220).

Die Neurowissenschaften bestätigen, dass es erst dann zu Verhaltensänderungen kommt, wenn Menschen etwas erleben, das ihnen »unter die Haut geht«, etwas, »was sie im Innersten berührt oder anrührt«. Erst durch neue Erfahrungen, die unsere Gefühlsebene erreichen, können wir alte Denk- und Reaktionsmuster verlassen. Diese werden dann im Gehirn in neuen neuronalen Verschaltungsmustern fest verankert. So wird es möglich, dass Menschen danach anders sehen, denken, fühlen und handeln.[70]

Andere Dinge, so Gerald Hüther, werden ihnen nun zu einem »Anliegen«, wofür sie sich begeistern und einsetzen. Dann werden ihnen langfristige und nachhaltige Lösungen wichtiger als kurzfristige. In der Folge sind sie dann auch bereit, ihren Lebensstil zu ändern. »Deshalb geht es aus meiner Sicht bei der gesamten Nachhaltigkeitsdebatte immer nur um das Eine, nämlich: Wie können wir Menschen so berühren, dass sie sich wieder mit sich selbst und mit der Natur verbunden fühlen? Wenn wir das erreicht haben, brauchen wir über die konkrete Umsetzung nicht mehr nachzudenken. Die vollzieht sich dann von allein.«[71]

Unser Gehirn ist »in viel stärkerem Maß als bisher angenommen ein soziales, kulturell geformtes Konstrukt.« Dies bedeutet, dass menschliche Gehirne nur »in einem »Netzwerk von anderen Gehirnen überlebens- und entwicklungsfähig sind.« Das ist das »unser bisheriges Weltbild am nachhaltigsten erschütternde und in seinen praktischen Auswirkungen auf unser künftiges Zusammenleben kaum zu überschätzende Ergebnis der neueren Gehirnforschung.«

Das bedeutet nichts weniger, als dass wir unser Bewusstsein sowohl persönlich als auch kollektiv durch neue Erfahrungen transformieren können. Und dass diese Prozesse sich wechselseitig beeinflussen. Krisenzeiten, in denen sich bisherige Vorstellungen und Überzeugungen auflösen, sind dabei eine entscheidende Voraussetzung, dass wir »etwas Neues denken, etwas bisher nicht Gesehenes sehen, etwas nicht Verstandenes verstehen« können.[72] Die entscheidende Frage lautet deshalb: Welche neuen Erfahrungen könnten unsere Sichtweisen nachhaltig verändern?

Uns neu verstehen im Netzwerk des Lebens

Alles ist mit allem verbunden

In den modernen Naturwissenschaften hat sich eine solche neue Sichtweise entwickelt. Ihre Erkenntnisse stimmen in erstaunlicher Weise mit alten spirituellen Erfahrungen in den Religionen überein. Der Dalai Lama und Papst Franziskus zeigen auf, wie fruchtbar hier der Dialog zwischen Naturwissenschaft und Religion sein kann. Sie formulieren deshalb ihre Einsichten sowohl in spiritueller als auch in naturwissenschaftlicher Sprache.

Spirituelle Erfahrungen

Papst Franziskus versteht die Natur als Schöpfung Gottes. »Das ganze materielle Universum ist ein Ausdruck der Liebe Gottes, seiner grenzenlosen Zärtlichkeit uns gegenüber.« Jedes Geschöpf hat darin seinen »Platz« und seine »Funktion«, einen »Wert« und eine »Bedeutung«. Alles ist mit allem verbunden. Dies bestärkt uns in der »Überzeugung, dass sämtliche Geschöpfe des Universums, da sie von ein und demselben Vater geschaffen wurden, durch unsichtbare Bande verbunden sind und wir alle miteinander eine Art universale Familie bilden, eine sublime Gemeinschaft, die uns zu einem heiligen, liebevollen und demütigen Respekt bewegt« (LS 84–89).

Damit steht der Papst ganz in der Tradition seines Namenspatrons Franz von Assisi. In seinem berühmten Sonnengesang preist dieser die Verbundenheit aller Geschöpfe und spricht sie als Bruder und Schwester an. Die mittelalterliche Mystikerin Hildegard von Bingen staunt über die *viriditas*, die »Grünkraft«, die der Schöpfer allem Lebendigen als »grünende Lebensfrische und fruchtbare Lebenskraft eingießt.« So ist für sie jedes Geschöpf »mit einem anderen verbunden, und jedes Wesen wird durch ein anderes erhalten.« Alles Lebendige, so schon die Sicht der Bibel, lebt von der *ruah*, der schöpferischen göttlichen Energie, dem Atem Gottes. Durch sie ist alles Leben miteinander verbunden.

Neue naturwissenschaftliche Erkenntnisse bestätigen für Papst Franziskus die wechselseitige Abhängigkeit aller Dinge. Sie zeigen, »dass alles miteinander verbunden ist. Die Zeit und der Raum sind nicht voneinander unabhängig, und nicht einmal die Atome und die Elementarteilchen können als voneinander getrennt betrachtet werden. Wie die verschiedenen physikalischen, chemischen und biologischen Bestandteile des Planeten untereinander in Beziehung stehen, so bilden auch die Arten der Lebewesen ein Netz, das wir nie endgültig erkennen und verstehen« (LS 137–138).

Spirituelle Erfahrungen und naturwissenschaftliche Erkenntnisse laden dazu ein, »eine umfassendere Sicht der Wirklichkeit« zu entwickeln und »ganzheitliche Lösungen zu suchen, welche die Wechselwirkungen der Natursysteme untereinander und mit den Sozialsystemen berücksichtigen« (LS 139).

Auch der Dalai Lama verweist darauf, dass »die wechselseitige Abhängigkeit ein Grundgesetz der Natur ist. Nicht nur die Myriaden von Lebensformen, sondern genauso die materiellen Phänomene werden bis in jeden noch so winzigen Bereich hinein von den Gesetzen der wechselseitigen Abhängigkeit bestimmt. Seien es die Erdmassen, die wir bewohnen, oder die Meere, die Wolken, die Wälder und die Blumen, die uns umgeben – alle diese Phänomene entstehen in Abhängigkeit von subtilen Energievorgängen.«[73]

Er verweist dabei ausdrücklich auf die Erkenntnisse der Quantenphysik, die für ihn eine verblüffende Nähe zu den spirituellen Erfahrungen der buddhistischen Tradition zeigen. Es gehört zu deren Grundeinsichten, dass es keine »getrennten Existenzen« gibt. Alles wandelt und verändert sich ständig. Alles ist mit allem in Beziehung. Feste, abgetrennte und beständige Existenzen sind eine »Illusion«, wie der Buddha lehrt.

Unsere Begriffe, mit denen wir Phänomene beschreiben, sind nur Hilfsmittel, »bloße intellektuelle Fabrikate«. Dies durchschaut man in konzentrierter Meditation. Hier wird deutlich, dass der Buddhismus »in erster Linie Geisteswissenschaft und Philosophie ist.«[74] Von daher kann Thich Nhat Hanh die buddhistische Spiritualität sogar als ein »Forschungs- und Studiengebiet« bezeichnen, das viel vom »Geist der Naturwissenschaften« hat.[75]

Für die wechselseitige Abhängigkeit aller Dinge verwendet der Dalai Lama den Begriff der »Interdependenz«. »Nur wenn man die Interdependenz versteht, wird man die Welt retten können. Wenn man in Kategorien der Interdependenz denkt, eröffnet sich einem zum Beispiel die Einsicht, dass Terroristen nicht schon als Terroristen geboren werden. Sie sind dazu infolge einer Aneinanderreihung von Ursachen und Wirkungen geworden, die man entwirren muss ... Nur die Logik der Interdependenz wirft ein Licht auf den Gesamtkomplex von Ursachen und Bedingungen einer gegebenen Situation. Das gilt für die Politik genauso wie für die derzeitige Umweltkrise.«

Dafür ein Bewusstsein zu entwickeln ist für den Dalai Lama die gesuchte »Geisteshaltung« einer globalen Verantwortung. Sie gründet in der Einsicht in die »Interdependenz«, die wechselseitige Abhängigkeit allen Lebens. Im Kern geht es um »mehr Achtsamkeit gegenüber allem Leben, auch gegenüber Tieren und Pflanzen«.[76]

Thich Nhat Hanh hat für die innere Verbundenheit allen Lebens eigens den Begriff des »Interseins« (*interbeing*) geprägt. Alles Leben entwickelt sich wechselseitig aufeinander bezogen und voneinander abhängig. Es gibt nichts isoliert und unabhängig Existierendes, alles ist mit allem verbunden. Dieses Verwoben- und Verbundensein erfahren wir, wenn wir »tief in die Wirklichkeit schauen« und erkennen, wie sich Leben ständig wandelt und in immer neuen Formen manifestiert.

Blumen beispielsweise bestehen aus lauter Nicht-Blumen-Elementen wie Wasser, Mineralien oder dem Licht der Sonne. So wächst die Lotusblüte aus Schlamm, ein eindrückliches Symbol des

»Interseins«. Nur so kann sie gedeihen. Vielfältig gestalten sich diese Prozesse der wechselseitigen Verbundenheit allen Lebens.[77]

Im Buddhismus gehören diese Einsichten ins Zentrum der spirituellen Praxis und philosophischen Reflexion. Auch in der christlichen Tradition war dieses Wissen um die Verbundenheit allen Lebens über die Jahrtausende lebendig, in der Neuzeit aber häufig in Vergessenheit geraten. Erst die Wiederentdeckung einer Schöpfungsspiritualität im Zuge der ökologischen Krise oder einer Prozesstheologie hat diese verschütteten Erfahrungen der mystischen Tradition wieder in Erinnerung gerufen.

Revolutionäre Erkenntnisse der modernen Naturwissenschaften

Die Naturwissenschaften hatten auf ihrem Siegeszug durch die Neuzeit die Beziehung des forschenden Subjekts zum Objekt, die Ganzheit der Phänomene und die ökologischen Zusammenhänge weitgehend ausgeblendet. In ihrem mechanistischen Weltbild schien die Natur in einzelne Bausteine zerlegbar, analysierbar und so »objektiv« erforschbar. Ihre Erkenntnisform war »machtförmig«, wie der Physiker und Philosoph Carl Friedrich von Weizsäcker sie einmal charakterisierte.

Die neuen Vorstellungen der Physik haben jedoch »unser Weltbild tiefgreifend verändert – von der mechanistischen Vorstellungswelt eines Descartes und Newton zu einer ganzheitlichen und ökologischen Sicht«, schreibt der Physiker und Heisenberg-Schüler Fritjof Capra in seinem Klassiker *Wendezeit. Bausteine für ein neues Weltbild*. Diese Anschauungsweise hat für ihn eine große Nähe zu den »Anschauungen der Mystiker aller Zeiten«.

»Atome bestehen aus Elementarteilchen, und diese Teilchen sind nicht aus irgendeinem materiellen Stoff gemacht. Wenn wir sie beobachten, sehen wir nie eine Substanz; was wir beobachten, sind dynamische Muster, die sich unaufhörlich ineinander verwandeln – den ununterbrochenen Reigen der Energie ... Die Quantentheorie hat gezeigt, dass subatomare Teilchen nicht einzelne Körnchen von Ma-

terie sind, sondern Wahrscheinlichkeitsstrukturen, Zusammenhänge
in einem unteilbar kosmischen Gewebe, das den menschlichen Be-
obachter und sein Bewusstsein miteinbezieht ...Die moderne Physik
verwandelte das Bild vom Universum als einer Maschine in die Vision
eines unteilbaren kosmischen Ganzen, dessen Teile grundsätzlich in
Wechselbeziehungen zueinander stehen und nur als Muster eines
kosmischen Prozesses verstanden werden können.«[78]

Der Physiker und Heisenberg-Mitarbeiter Hans-Peter Dürr formuliert diese neuen Erkenntnisse so: »Wenn wir die Materie immer
weiter auseinandernehmen ... bleibt am Ende nichts mehr übrig,
was an Materie erinnert. Am Schluss ist kein Stoff mehr, nur noch
Form, Gestalt, Symmetrie, Beziehung ... Das Primäre ist Beziehung, der Stoff das Sekundäre ... Die Quantenphysik sagt uns also,
dass die Wirklichkeit ein großer geistiger Zusammenhang ist und
unsere Welt voller Möglichkeiten.« Die Wirklichkeit ist größer und
geheimnisvoller als die sogenannte Realität, die Welt der Dinge.

Die Quantenphysik ist inzwischen das unbestrittene Fundament der exakten Naturwissenschaften. Vielfältig hat sie technische Anwendungen erfahren in der Mikroelektronik, der Halb-
leitertechnik, in der Nutzung der Kernenergie oder dem Bau von
Atombomben. Erstaunlich ist nur, dass die ihr zugrunde liegende
ganzheitliche Sichtweise der Natur kaum Eingang in unser Denken gefunden hat. Vielleicht deshalb, so Hans-Peter Dürr, weil sie
unsere Alltagsvorstellungen von den Dingen so völlig durcheinan-
derbringt und wir unseren Umgang mit der Natur grundsätzlich
überdenken müssten.[79]

Auch in den Wissenschaften vom Organischen ist eine ver-
gleichbar neue Sicht der Wirklichkeit entstanden. Jahrhunder-
telang wurde das Lebendige zu Forschungszwecken präpariert,
isoliert, manipuliert und seziert. Die moderne Biologie hat das
Lebendige in seinen wechselseitigen Zusammenhängen wiederent-
deckt. Leben wird systemisch verstanden. Lebende Systeme sind
gekennzeichnet durch Beziehungsmuster, Rückkopplungsschlei-
fen, Selbstregelung, Selbstorganisation. Sie sind Netzwerke, die zur

Selbstorganisation fähig sind und deshalb im ständigen Austausch mit ihrer Umwelt stehen.[80]

Unsere Wälder sind hier ein eindrückliches Beispiel. Bäume stehen nicht einfach da, sie kommunizieren auch miteinander. Mit Pilzen zusammen bilden ihre Wurzeln ein geheimnisvolles Netzwerk, über das sie Informationen und Nährstoffe im ganzen Wald austauschen. Die Wissenschaft spricht hier vom »Wood Wide Web«. Faszinierend, wie fein austariert das Ökosystem eines Waldes funktioniert.[81]

Vielleicht ist das Phänomen der Resonanz ein weiterer Schlüssel, der uns innere Zusammenhänge noch besser verstehen lässt. Resonanz ist, so der Chemiker und Genforscher Friedrich Cramer, was »die Welt im Innersten zusammenhält.« Sie stellt den Zusammenhang der Welt her. In seinem Buch *Symphonie des Lebendigen* fasst er dies am Ende so zusammen:

> »Das Ohr tritt in Resonanz mit den Schallwellen, das Auge mit den Lichtwellen ... Resonanz ist die Grundlage der Planetenbewegung, Resonanz verbindet als chemische Bindung die Moleküle der Materie, koordiniert die Zellen und den Stoffwechsel unseres Organismus, unsere Sinneseindrücke werden im Zentralnervensystem mit Hilfe von Resonanzmechanismen verarbeitet, Resonanz ist die Grundlage des Zusammenlebens der Menschen ... Resonanz ist es, die die Welt im Innersten zusammenhält.«

Staunen über das Geheimnis der Welt

Es ist schon faszinierend, welche verborgenen Zusammenhänge die modernen Naturwissenschaften entdeckt haben. Dabei kommen sie sprachlich an ihre Grenzen. Deshalb versucht der mehrfach ausgezeichnete Wissenschaftsjournalist Stefan Klein die neuen naturwissenschaftlichen Erkenntnisse in poetischer Sprache auszudrücken.

In *Das All und das Nichts. Von der Schönheit des Universums* beschreibt er das Geheimnisvolle einer Rose so: »Um heranzuwachsen, braucht die keimende Rose Licht, Wasser und Sauerstoff.« Den

Sauerstoff haben Cyano-Bakterien vor gut drei Milliarden Jahren im Urozean produziert, Grundlage für alles höhere Leben. »Das Wasser kam aus dem Weltraum zu uns. Es reiste mit Kometen oder Asteroiden an, die, geboren in kälteren Teilen des Sonnensystems, wie riesige Schneebälle auf dem Wüstenplaneten Erde einschlugen. So füllten sich die Seen, die Flüsse, die Ozeane mit dem geschmolzenen Eis der Kometen. Es sind Tautropfen aus dem Kosmos, die die Blätter der Rose benetzen. Das Licht schließlich verdankt die Rose der starken Kraft ... Sie hält die Atomkerne zusammen. Im Innern der Sonne wird sie entfesselt ...«

Geheimnisvolle kosmische Zusammenhänge tun sich auf: »Die Rose ist verwandelter Sternestaub ... eine Rose ist viel mehr als eine Rose. Sie ist eine Zeugin der Entstehung der Welt.« Sie »führt uns vor Augen, dass nichts und niemand für sich alleine steht. Je mehr wir aber über die Beziehungen im Universum erfahren, umso geheimnisvoller erscheint uns die Welt.«[82]

So vieles ist geheimnisvoll und faszinierend: die Farbenpracht eines Sonnenuntergangs, die filigranen Muster eines Schmetterlings, der virtuose Gesang eines Vogels. Unsere Welt ist voller Farben und Töne. Ganz besonders berührt uns, wenn ein Kind das Licht der Welt erblickt. Oder wenn die Natur im Frühling in großer Blütenpracht erwacht. Das sind Momente, wo wir von etwas ergriffen werden und etwas in uns ins Schwingen kommt. Resonanz pur.

Zu allen Zeiten haben Menschen über das Geheimnis des Lebens gestaunt. Auf der anderen Seite war es ihnen aber immer auch ein Rätsel. Denn die kosmischen Entwicklungsprozesse gehen oft mit Zerstörungen einher, mit dem Verglühen von Sternen oder Einschlägen von Kometen. Einer davon hat die letzte Eiszeit ausgelöst, die viele Lebewesen nicht überlebt haben. Aber andererseits sind dadurch neue Formen des Lebens entstanden. In allen Veränderungs- und Anpassungsprozessen sucht sich das Leben immer wieder ein neues Gleichgewicht.

Und noch etwas anderes ist zwiespältig: Alles Leben lebt von anderem Leben. Es ist nur auf Kosten von anderem Leben möglich. Albert Schweitzer hat hier von der »grausigen« Paradoxie des Lebens gesprochen: »Auf tausend Arten steht meine Existenz mit anderen in Konflikt. Die Notwendigkeit, Leben zu vernichten und Leben zu schädigen, ist mir auferlegt«. Das Leben erscheint schön und schrecklich zugleich, geheimnisvoll und rätselhaft. Und wir sind ein Teil davon.[83]

Wir sind ein Teil der Natur

Die einseitige Sicht korrigieren

Die naturwissenschaftlich-technische Denkweise der Neuzeit hat den Menschen überwiegend in der Rolle des Gegenübers gesehen. Die Natur konnte er deshalb nach Belieben zerlegen und erforschen, ihre Ressourcen nach eigenem Gutdünken ausbeuten. Die Technik gab ihm dabei nie geahnte Machtmittel an die Hand.

Deshalb erinnert Papst Franziskus daran, dass dieser »despotische Anthropozentrismus« ein falsches Verständnis des Menschen ist. Ein gewisser Anthropozentrismus war zwar auch in der jüdisch-christlichen Lehre vom Menschen angelegt. Dieser war jedoch von einem Staunen über die hervorgehobene Stellung des Menschen in der Schöpfung geprägt. Es war ein Staunen über seine Fähigkeiten (Psalm 8; Psalm 104).

Diese sollte er fürsorglich und verantwortungsvoll wahrnehmen. Die Erde sollte er »bebauen und bewahren« (Genesis 2,15) und mit Tieren rücksichtsvoll umgehen. So sollten am Sabbat auch die Haustiere ruhen können (Exodus 20,10). Von daher wurde die Rolle des Menschen in der Schöpfung in biblischer Zeit als die eines »verantwortlichen Verwalters« gesehen (LS 67–68, 116). Verhängnisvoll war deswegen die spätere Fehldeutung des Herrschaftsanspruchs »Machet euch die Erde untertan« (Genesis 1,28) mit dem Aufkommen von Naturwissenschaft und Technik. Hier hätten Theologie und Kirche entschiedener widersprechen müssen.

Auch im Islam wird der Mensch als »Diener Gottes« und als »Verwalter« (*kalif*) gesehen (Koran 2:30). Seine Gaben, Fähigkeiten und Ressourcen soll er zum Wohl von Mitmenschen und Mitwelt einsetzen.[84] Daran erinnert auch die *Islamische Erklärung zum Globalen Klimawandel* von 2015, die von islamischen Gelehrten aus aller Welt verfasst wurde. Sie ruft zu einem sorgsamen Umgang mit der Schöpfung auf. Dies müsse Muslimen in aller Welt ein Anliegen sein.[85]

Papst Franziskus erinnert daran, dass die Bibel den Menschen immer als Teil der Natur gesehen hat, als einen »Erdling«, aus Erde gemacht. Wir sind in die Natur »eingeschlossen, sind ein Teil von ihr und leben mit ihr in wechselseitiger Durchdringung«. »Wir vergessen, dass wir selber Erde sind (vgl. Genesis 2,7). Unser eigener Körper ist aus den Elementen des Planeten gebildet; seine Luft ist es, die uns den Atem gibt, und sein Wasser belebt und erquickt uns« (LS 2, 139).

Damit versucht Franziskus die in der Neuzeit verloren gegangene Balance wiederherzustellen. Seiner Meinung nach verstehen wir uns als Gegenüber zur Natur erst dann richtig, wenn wir uns zugleich als ein Teil von ihr sehen. »Erdling«, oder etwas verständlicher »Erdenbewohner« oder »Erdenbürgerin«, wäre dann so etwas wie die ökologische Verortung des Menschen im Ganzen der Natur.

Der 2019 mit dem Buchpreis des deutschen Buchhandels ausgezeichnete Fotograf Sebastiao Salgado beschreibt in seiner Autobiografie *Mein Land, unsere Erde* eine tiefgreifende Erfahrung in den äthiopischen Bergen: »Es rührte mich tief, diese Erde und diese Steine anzufassen, die für das Schicksal unseres Planeten eine so große Rolle gespielt hatten … Als ich in die Erde griff, dachte ich: Sie ist auch ein bisschen ich selbst. Sie und ich sind Teil desselben Planeten. Wir sind Teil derselben Geschichte.«

Und dann fährt er mit Bezug auf sein großes Natur-Foto-Projekt »Genesis« fort: »Letztendlich kam ich zum Schluss, dass es kaum einen Unterschied zwischen mir und dieser Erde gibt, nicht mehr als zwischen mir und dem Leguan auf Galápagos. ‚Genesis'

lehrte mich, dass alles verbunden und alles lebendig ist. ‚Genesis'
ist mein Liebesbrief an die Natur. Die Menschen habe ich darüber
nicht vergessen, denn auch sie sind Bestandteil dieser fantastischen
Natur.«[86] Seine Fotografien erzählen davon.

Uns einfügen in das größere Ganze

In unserer westlichen Tradition war es in neuerer Zeit vor allem
der Theologe, Philosoph und Arzt Albert Schweitzer, der den Menschen als Teil des kosmischen Lebens gesehen hat: »Ich bin Leben,
das leben will, inmitten von Leben, das leben will.« Diese Einsicht
»erfüllt mich mit Ehrfurcht vor dem geheimnisvollen Willen zum
Leben, der in allem ist.«

In seinen Lebenserinnerungen beschreibt er, wie er dazu gekommen ist. Es war bei einer Fahrt auf dem Ogowe-Fluss im Jahr
1915. Als er am Ufer vier Nilpferde mit ihren Jungen sah, kam ihm
angesichts der Kraft, der Schönheit und Fürsorge dieser Tiere für
ihre Jungen »wie im Traum« die Eingebung »Ehrfurcht vor dem
Leben«.

Damit hatte er den Schlüssel für eine neue Ethik gefunden, die
nicht nur Menschen, sondern alle Mitgeschöpfe in den Blick nahm.
Seine Ethik wurde zu einem Aufruf gegen Gedankenlosigkeit und
Gleichgültigkeit im Umgang mit Tieren. »Nie dürfen wir abge-
stumpft werden«, war seine Botschaft. Es darf nicht sein, »wenn
der Schrei der auf dem Eisenbahntransport verdurstenden Tiere
ungehört verhallt, wenn in unseren Schlachthäusern so viel Roh-
heit waltet ...«[87] Dabei hatte er noch keine Vorstellung von dem,
was heute in der Massentierhaltung, bei Tiertransporten und in
Schlachthöfen vorgeht.

»Die Weltanschauung der Ehrfurcht vor dem Leben« charak-
terisiert Albert Schweitzer selbst als »ethische Mystik«. Durch
sie wird der Mensch, der danach lebt, eins mit dem Schöpferwil-
len, der sich ihm darin offenbart. Er ist so »in elementarer Weise
fromm.«[88] Albert Schweitzer hat in seiner Ethik der Ehrfurcht vor
dem Leben eine große Nähe zur indischen und chinesischen Kultur

gesehen und sich deshalb intensiv mit deren Religion und Philosophie beschäftigt. Er gehörte zu den Pionieren des interreligiösen
und interkulturellen Dialogs.

Im Buddhismus wurde von jeher viel stärker betont, dass wir
Menschen Teil der Natur sind, in der alles mit allem in wechselseitiger Abhängigkeit verbunden ist. Zentral für buddhistisches Denken ist die Einsicht, dass es kein getrenntes Selbst gibt. Die Vorstellung eines unabhängig existierenden Ichs sei eine Illusion. Wir
leben Tag für Tag mit und von anderem Leben, nehmen Nahrung
auf, die unsere Zellen mit Energie versorgen, wir atmen die Luft
der Atmosphäre. In uns ist der ganze Kosmos präsent mit Wasser,
Mineralien und der Energie der Sonne.

Thich Nhat Hanh beschreibt diese spirituellen Erfahrungen in
poetischer Sprache: »Wir sind Kinder des Lichts, Söhne und Töchter der Sterne ... Wir sind aus Sternenstaub und Kinder der Erde,
alle aus denselben Elementen und Mineralien gefügt. In jeder Mi-
nute zieht der Kosmos durch uns hindurch und erneuert uns, während wir uns dem Kosmos zurückgeben.«[89] So sind wir mit allem
Leben aufs Engste verwoben und verbunden.

Einige wissenschaftliche Fakten dazu hat Ute Scheub in der
Zeitschrift *Oya* im Mai/Juni 2017 so beschrieben:

> »Das, was ich als meinen Körper, mein Bewusstsein, meine Identi-
> tät wahrnehme, ist ein billionenfaches Wir, ein unfasslich komplexer
> Zusammenschluss von 30 bis 100 Billionen Körperzellen, die vor al-
> lem in meinem Darm mit noch einmal so vielen Mikroorganismen
> kooperieren ... Wer aber ist überhaupt jenes ‚Wir' oder ‚Ich'? Bei Er-
> wachsenen sterben in jeder Sekunde rund 50 Millionen Zellen ab ...
> Gleichzeitig werden in jeder Sekunde fast genauso viele Zellen neu
> gebildet ... 98 Prozent der Atome in meinem Körper werden jedes
> Jahr ersetzt.«

So findet die bekannte Frage »Wer bin ich und wenn ja, wie viele?«
noch einmal eine andere, überraschende Antwort.

Wir leben von der Nahrung, die die Erde wachsen lässt. Wir
leben von Wasser, das sich in Jahrmillionen gebildet hat. Wir atmen

den lebenswichtigen Sauerstoff der Atmosphäre über 20.000-mal am Tag ein. Das giftige Kohlendioxid, das wir ausatmen, nehmen Pflanzen auf und wandeln es um. Bäume filtern mit ihren Blättern Staub und giftige Stoffe für uns. Das System des Lebens ist ein einziges großes Netzwerk. Deshalb, so der Dalai Lama, müssen wir »die empfindliche Matrix des Lebens achten und es ihr gestatten, sich zu regenerieren.«[90] Wir sind nun allerdings dabei, diese Matrix nachhaltig aus dem Gleichgewicht zu bringen. Dabei vergessen wir, dass die Natur uns nicht braucht, wir aber umso mehr die Natur.

Dieses Wissen ist auch in den Kulturen der indigenen Völker des Anden- und Amazonasgebiets bewahrt. Es ist das Konzept des Buen Vivir oder des Sumak Kwasay. Was hier »zählt, ist das menschliche Individuum, integriert in seine Gemeinschaft, das harmonische Beziehungen mit der Natur pflegt und dabei, individuell genauso wie in der Gesellschaft, nach dem Aufbau eines nachhaltigen, würdigen Lebens für alle strebt.« So beschreibt Alberto Acosta die zugrunde liegenden Vorstellungen, die 2008 auch Eingang in die Verfassung Ecuadors gefunden haben.

Dort heißt es: »In Anerkennung unserer jahrtausendealten, von Männern und Frauen verschiedener Völker gestärkten Wurzeln, feiern wir die Natur, die Mutter Erde, deren Teil wir sind und die für unser Dasein lebenswichtig ist ...«[91] Der Bezugsrahmen des Lebens, der hier beschrieben wird, ist auch hier die Erde als Mutter, *Pacha Mama*, die uns hervorgebracht hat und ernährt.

Die Natur hat uns hervorgebracht

Das Alter unserer Erde wird auf 4,5 Milliarden Jahre geschätzt. Es sind unvorstellbar lange Zeiträume, in der das Leben auf unserer Erde sich entwickelt hat. Aus dieser Geschichte der Natur sind wir als Menschen hervorgegangen.

Wie dieser Prozess verlaufen sein könnte, das schildern der Paläontologe und Anthropologe Richard E. Leakey und der Biochemiker Roger Lewin in *Wie der Mensch zum Menschen wurde*. Die menschliche Kultur entwickelte sich nach den vorliegenden

Funden vor etwa drei Millionen Jahren in Afrika. Auch wenn neu-
ere Funde heute eher Europa als »Wiege der Menschheit« sehen,
so sind die Folgerungen der beiden Afrikaforscher nach wie vor
einleuchtend.

Die kulturelle Entwicklung wurde insbesondere durch »das
Lernen im sozialen Kontext« und die »Gruppenerfahrung« beför-
dert. Der Schlüssel dazu war die Sprache. »Sprache, die Herstellung
von Werkzeugen und die Lebensform verbanden sich zu einem
evolutionären Komplex«, der die Entwicklung des menschlichen
Gehirns begünstigte.

»Insgesamt sind es drei Faktoren, die den größten Einfluss auf
das Leben unserer jagenden Vorfahren hatten: erstens die Errich-
tung des Lagers, zweitens die Arbeitsteilung und drittens die daraus
sich ergebende Notwendigkeit der Zusammenarbeit.« Über eine
Million Jahre lebte der Mensch überwiegend als Sammler und Jäger
und hat in diesem Zeitraum seine intellektuellen und sozialen Fähigkeiten entwickelt. Die letzten zehntausend Jahre des Ackerbaus
haben demgegenüber »keine bedeutenden biologischen Veränderungen« mehr hervorgebracht.[92]

Was sich beim Menschen im Laufe der Evolution besonders
entwickelt hat, das ist sein Gehirn. Das unterscheidet ihn vom Tier,
so der Hirnforscher Gerald Hüther: »Genetisch unterscheiden wir
uns von unseren nächsten tierischen Verwandten, den Menschen-
affen, so gut wie gar nicht. 99,5 Prozent aller Gensequenzen sind
identisch.«

Den Unterschied macht unser Gehirn: »Keine andere Spezies
kommt mit einem derart unreifen und deshalb offenen, lernfähi-
gen … Gehirn zur Welt wie der Mensch.« Das Besondere dabei ist:
»Es wird am Anfang immer mehr bereitgestellt als irgendwo auf
dieser Welt von irgendeinem Menschen tatsächlich gebraucht
wird.« Die Natur stellt uns einen Überschuss an Nervenzellen im
Gehirn zur Verfügung, der uns ermöglicht, uns in enger Beziehung
zu unserem Körper, unseren Mitmenschen und zur Mitwelt zu
entwickeln.

»In all jenen Bereichen, in denen es sich von tierischen Gehirnen unterscheidet, wird das menschliche Gehirn durch Beziehungserfahrungen mit anderen Menschen geformt und strukturiert. Unser Gehirn ist also ein soziales Produkt ... Diejenige Hirnregion nun, in der wir uns am deutlichsten von allen Tieren unterscheiden, ist unser Frontalhirn. Es kann die aus tiefer liegenden und früher ausgereiften Hirnregionen eintreffenden Erregungen und Impulse hemmen und sie steuern.« Wir können Bedürfnisse verschieben und deshalb auch vorausschauend und zielgerichtet handeln.[93]

Als Menschen sind wir nicht instinkt- und umweltgebunden wie Tiere. Wir sind nicht von vornherein in unsere Umwelt »eingepasst«. Wir haben eine »exzentrische Struktur«. So hat der Philosoph Helmuth Plessner den Unterschied markiert. Der Mensch »lebt und erlebt nicht nur, sondern er erlebt sein Erleben.« Er kann sich von außen selbst zuschauen. Wir können und müssen uns zu uns selbst, zu unseren Mitmenschen und unserer Mitwelt »verhalten«. Wie wir uns jeweils verhalten, ist von Natur aus nicht vorgegeben.[94]

Und damit stellen sich die zunächst ganz praktischen, noch gar nicht speziell ethischen Fragen, welches Verhalten gegenüber Mitmenschen und Mitwelt »richtig« ist, welche Lösungen »gut«, »hilfreich« und »nützlich« zur Lebensbewältigung sind. Das alles lernen wir in der Gemeinschaft, in der wir aufwachsen. Im sozialen Kontext lernen wir Wahrnehmungs-, Beziehungs- und Verhaltensmuster, die vorherige Generationen entwickelt haben.

Wir lernen als Kinder die Welt mit den Augen der Erwachsenen zu sehen und profitieren von ihrer Erfahrung. Wir wachsen in soziale Beziehungen und Rollen hinein und lernen, was andere von uns und wir von ihnen erwarten dürfen. Unser Bewusstsein, auch unser moralisches Bewusstsein, entwickelt sich von Beginn an sozial verschränkt.[95]

Als Menschen leben wir aber immer auch von und mit der Natur. Sie ist der Rahmen, in dem wir leben. Als Lebewesen sind wir in sie eingebunden und können uns nur innerhalb ihrer Grenzen entfalten. Darum wussten die Religionen und frühere Kulturen. Dieser Zusammenhang ist im Zuge des modernen Fortschrittsoptimismus, Wachstums- und Machbarkeitswahns oft in Vergessenheit geraten. Die rasante naturwissenschaftlich-technische Entwicklung der Neuzeit mit ihren großartigen Erfolgen hat die Denk-, Wahrnehmungs- und Verhaltensmuster vieler Menschen tiefgreifend verändert. In diesen Mustern sind wir bis heute gesellschaftlich gefangen.

Die Coronapandemie könnte uns hier einiges lehren. Das tückische Virus kam nicht aus heiterem Himmel. Es wurde, wie viele andere Viren auch, von Tieren auf den Menschen übertragen. Weil Menschen die Lebensräume von Tieren immer weiter einengen, flüchten sie in seine Lebensräume. Mit dabei ihre Viren, mit denen sie uns Menschen buchstäblich auf die Pelle rücken. Deshalb müsste eine der wichtigsten Erkenntnisse aus dieser Krise sein: Pandemien haben ihre Ursachen auch in gedankenloser Umweltzerstörung und einem völlig falschen Umgang mit Tieren. Dagegen scheint sich die Natur mit ihren Mitteln zu wehren.

Unsere Rolle im Netzwerk des Lebens neu finden

Wie sollen wir uns im Netzwerk der Natur verstehen? Wie finden wir darin unsere Rolle? Jürgen Mittelstrass hat auf einen aufschlussreichen Eintrag im handgeschriebenen Nachlass von Immanuel Kant aufmerksam gemacht:

> »Wenn es irgendeine Wissenschaft gibt, deren der Mensch bedarf, so ist es die, so ihn lehrt, die Stelle geziemend zu erfüllen, welche ihm in der Schöpfung angewiesen ist, und aus der er lernen kann, was man sein muss, um ein Mensch zu sein. Gesetzt er hätte über oder unter sich täuschende Anlockungen kennen lernen, die ihn unvermerkt aus seiner eigentümlichen Stelle gebracht haben, so wird ihn diese Unterweisung wiederum zum Stande des Menschen zurückführen, und er mag sich als denn noch so klein oder mangelhaft finden, so wird er doch vor seinen angewiesenen Posten recht gut sein, weil er gerade das ist, was er sein soll.«[96]

Diese Wissenschaft soll dem Menschen seinen Platz in der Natur zeigen, und wenn er diesen aus den Augen verliert, ihn ggf. wieder auf seinen »Posten« zurückrufen. Wir nennen diese Wissenschaft heute Ökologie, die Lehre von den wechselseitigen Beziehungen im Netzwerk des Lebens. In dieses Netzwerk sind wir eingeschlossen. Es geht dabei um nichts weniger als darum, Mensch zu sein und zu bleiben. Dazu müssen wir eine ganzheitliche Sichtweise entwickeln.

Georg Picht hat auch hier die Zusammenhänge weitsichtig erkannt. »Die fortschreitende Destruktion der Natur hat rückgekoppelt eine fortschreitende Zerstörung der Humanität des Menschen zur Folge.« Um Mensch zu sein und zu bleiben müssen wir wieder begreifen: Wir »sind Lebewesen in der Natur … sind ökologischen Gesetzen unterworfen … Es gibt also, wenn nicht absolute Werte, so doch Grenzwerte des humanen Daseins in der Natur.« Die Religionen haben hier »einen kostbaren Schatz an ökologischer Weisheit«, der in Vergessenheit geraten ist.[97]

Auch eine andere Wissenschaft könnte uns helfen, unseren Platz in der Geschichte der Natur besser zu verstehen: Die Geologie. Sie vermittelt ein Gefühl für die »Tiefenzeit«, die sich in geologischen Prozessen zeigt. Sie lässt »erkennen, dass Steine nicht Substantive, sondern Verben sind – sichtbare Belege für Prozesse: Ein Vulkanausbruch, das Wachstum eines Korallenriffs, die Hebung der Bergkette. Wohin man auch blickt, Steine sind Zeugen von Ereignissen, die sich über lange Zeitspannen hinweg zugetragen haben.«

Die Geowissenschaftlerin Marcia Bjorneroud gibt in *Zeitbewusstheit. Geologisches Denken und wie es helfen könnte, die Welt zu retten* faszinierende Einblicke in diese Wissenschaft. Statt »Zeitbewusstsein« ist jedoch »Zeitverleugnung« das Merkmal unseres gesellschaftlichen Lebens. Als »zeitliche Analphabeten« leben wir »überheblich und zeitenthoben« mit einer unglaublichen »Ignoranz der Erdgeschichte gegenüber«, die in langsamen Prozessen feinaustarierte Ökosysteme hervorgebracht und uns darin eingebunden hat. »Unsere Blindheit für die Gegenwart der Vergangenheit gefährdet im Grunde unsere Zukunft.«

>»Die Erde selbst mit ihrer enorm weit zurückreichenden Geschichte ist ein gemeinschaftliches Erbe sowie eine universelle Ratgeberin, die uns helfen kann, gemeinsame Werte zu finden.«

Unseren Platz in ihrer Geschichte finden wir, wenn wir uns wieder als »Erdenbewohner« verstehen, die es zu schätzen wissen, »auf diesem alten, freundlichen und gastlichen Planeten« zu leben und »uns um unser gegenseitiges Wohl zu kümmern.« Solange wir jedoch meinen, dass die Natur etwas ist, das sich außerhalb von uns befindet … sind wir außerstande, ihr mit Empathie zu begegnen und mit ihr zu kommunizieren.«[98]

Für den Dalai Lama rühren die »Dramen« von Kriegen, Armut und Umweltverschmutzung »von Ignoranz und egoistischen Verhaltensweisen her, weil es die meiste Zeit nicht gelingt, unsere gemeinsame Verbindung mit allen Wesen zu sehen.«[99] »Es fehlt«, so Papst Franziskus, »das Bewusstsein des gemeinsamen Ursprungs, einer wechselseitigen Zugehörigkeit und einer von allen geteilten Zukunft.« Wir können jedoch »das abgeschottete Bewusstsein und die Selbstbezogenheit« durchbrechen, indem wir aus uns herausgehen und so zu einem achtsamen Umgang mit »den andern und der Umwelt« kommen« (LS 202, 208).

>»Wie alle Wesen ist der Mensch Teil des Ganzen, das wir ‚Universum‘ nennen, und rein äußerlich betrachtet von Raum und Zeit begrenzt. Er erfährt sich, seine Gedanken und Gefühle als etwas, das ihn von den anderen trennt, aber dies ist eine Art optischer Täuschung des Bewusstseins. Diese Täuschung ist wie ein Gefängnis, das unsere eigenen Wünsche und unsere Zuneigung auf einige wenige Menschen beschränkt, mit denen wir näher zu tun haben. Unsere eigentliche Aufgabe besteht darin, uns aus diesem Gefängnis zu befreien, indem wir den Kreis unseres Mitgefühls und unserer Fürsorge auf alle Wesen und die Natur in ihrer ganzen Schönheit gleichermaßen ausdehnen.«[100] *Albert Einstein*

Religiöse Ressourcen
und philosophische Reflexionen

Wie kann ein gutes Leben für alle innerhalb planetarischer Grenzen aussehen? Auf diese Leitfrage läuft letztlich alles Nachdenken über globale Verantwortung hinaus. Eine Suchbewegung hat dazu in Politik und Gesellschaft eingesetzt. Dabei können wir auf Ressourcen religiöser und philosophischer Weisheit zurückgreifen und von deren Erfahrungsschatz profitieren.

Der Philosoph Jürgen Habermas hat in Erinnerung gerufen, woher die leitenden Ideen unserer Gegenwart kommen: »Der egalitäre Universalismus, aus dem die Ideen von Freiheit und solidarischem Zusammenleben, … Menschenrechten und Demokratie entsprungen sind, ist unmittelbar ein Erbe der jüdischen Gerechtigkeits- und der christlichen Liebesethik.«[101] Diesem Erbe nachzuspüren könnte also lohnend und erhellend sein.

Viele Menschen meinen, Religion sei in erster Linie etwas für die letzten Fragen des Lebens. Es gehe vor allem um Erlösung und das eigene Seelenheil, um Eintrittskarten für das ewige Leben, um Pfade ins Paradies oder ins Nirwana. Natürlich geht es um diese Sinnfragen, um die Deutung unseres Lebens: Woher wir kommen, wohin wir gehen, wer wir sind als Gäste auf Zeit auf diesem gastfreundlichen Planeten. Aber dann geht es in den Religionen darum, was daraus folgt: um das rechte Verhalten gegenüber Mitmenschen und Mitwelt, und um Visionen des guten Lebens.

Klarstellung: Ethik als Kern der Religionen

Die zentrale Bedeutung der Ethik für die Religionen wurde in der »Achsenzeit« erkannt, so der Philosoph Karl Jaspers. In diesem »zwischen 800 und 200 v. Chr. stattfindenden geistigen Prozess« wurde in China, Indien und dem Abendland annähernd gleichzeitig der Mensch »sich des Seins im Ganzen, seiner selbst und seiner Grenzen bewusst«. Konfuzius und Laotse in China, Buddha in Indien, die griechischen Philosophen und die jüdischen Propheten läuteten das Ende des »mythischen Zeitalters« ein und vollzogen eine »Ethisierung der Religion.«[102]

»In vier verschiedenen Kulturräumen begründeten Gelehrte, Propheten und Mystiker Traditionen, aus denen die Menschheit heute noch schöpft … Das Mitgefühl war ein zentraler Bestandteil all dieser Bewegungen«, so die britische Religionswissenschaftlerin Karen Armstrong. Anlass waren jeweils große gesellschaftliche Umbrüche, die mit einer Zunahme an Aggression und Gewalt verbunden waren.

Sie waren Auslöser für bedeutende spirituelle Erneuerungen, die »auf eine bewusste Abkehr von Gewalt« zielten. Die »Weisen, Propheten und Mystiker … waren innovative Denker, die sämtliche Möglichkeiten ausschöpften, um dem menschlichen Geist eine neue Richtung zu geben, das Leiden zu verringern und ihre Gesellschaften davor zu bewahren, sich in den Abgrund zu stürzen.«[103]

Buddha, die Propheten Israels, Jesus oder Muhammad waren Reformer und Religionskritiker. Sie übten massiv Kritik an den religiösen Praktiken und gesellschaftlichen Missständen ihrer Zeit. So wandte sich Muhammad gegen den unter den arabischen Stämmen weit verbreiteten Aberglauben und Polytheismus. Und es gelang ihm, die rivalisierenden Stämme zu vereinen und die tödliche Dynamik von Stammesfehden und Blutrache zu durchbrechen.[104]

Buddha lehrte, dass es auf das rechte Denken und Handeln ankomme. Er befreite das religiöse Denken in Indien von einem mythisch geprägten Götterglauben und wandte sich ganz dem Leben in all seinen Erscheinungsformen zu. Nach der ursprünglichen Lehre des Buddha ist Nirwana nicht als jenseitiger Zustand der Erlösung vorzustellen, sondern als ein Zustand der Befreiung im Hier und Jetzt, so der vietnamesische Zen-Meister Thich Nhat Hanh.[105]

Für ihn und den Dalai Lama ist der Buddhismus, abgesehen von Ausprägungen des Volksglaubens, weniger eine Religion als vielmehr eine Philosophie. Eine Gottesvorstellung ist ihm fremd.

Von daher überrascht es nicht, wenn der Dalai Lama sagt: »Ethik ist wichtiger als Religion.«

Die Ethik im Buddhismus gründet sich auf die umfassende Vorstellung allliebender Güte und des Mitleids mit allen lebenden Wesen. Um diese sittliche Grundhaltung auszubilden, muss der Mensch an zwei Fähigkeiten arbeiten: an Mitgefühl und Weisheit. Es gilt also zugleich emotionale wie intellektuelle Fähigkeiten zu entwickeln. Ausgeführt wird dies in der Lehre vom »Edlen achtgliedrigen Pfad«: Rechte Erkenntnis, rechte Gesinnung, rechte Rede, rechtes Tun, rechter Lebensunterhalt, rechte Anstrengung, rechte Achtsamkeit, rechte Sammlung.

Die Schulung des Geistes durch Übungen der Achtsamkeit gehört wesentlich zur Ausbildung dieser ethischen Grundhaltung. Liebe und Gewaltlosigkeit sind Frucht der Weisheit, selbstsüchtiges Begehren, Hass und Gewalt dagegen das Ergebnis mangelnder Weisheit. Inneren Frieden erreichen Menschen, wo sie Begehren und Gier als Ursache allen Leidens durchschauen und so eine innere Freiheit gegenüber dem Leben gewinnen.

Religion und Ethik sind für den großen Gelehrten und Rabbiner Leo Baeck auch im Judentum »aufs innigste verbunden«. Glaube und Tun, Frömmigkeit und Lebensführung sind zwei Seiten derselben Medaille. »Das Judentum ist nicht nur ethisch, sondern die Ethik macht sein Prinzip, sein Wesen aus.« Dieser Kern der Religion wird von den Propheten, den »religiösen Genies« des Judentums, besonders herausgestellt.

Sie verzichten auf jedwede metaphysische Spekulation über Gott. Gottes Offenbarung ist eine »Offenbarung des Sittlichen«, eine Offenbarung dessen, was für den Menschen gut ist. Daraus entsteht ein für das Judentum charakteristischer »Optimismus«, ein »Glaube an das Gute«, der den Menschen mit den Geboten »du sollst« in die Pflicht nimmt.[106]

Das Judentum, so sagt es ganz ähnlich der jüdische Philosoph Emmanuel Lévinas, hat das »Göttliche mit der Moral« verbunden, so dass »es die Gegenwart Gottes in der Beziehung zum Menschen fühlt … Gott kennen heißt wissen, was zu tun ist … Der Fromme, das ist der Gerechte.« Die Ethik ist für ihn die »ursprünglichste religiöse Regung« des Judentums.[107]

Jesus steht ganz in dieser jüdischen Überlieferung und »greift« aus dieser Tradition »nur auf, was ethisch relevant ist«, so Gerd Theißen und Annette Merz in *Der historische Jesus*. Jesus konzentriert sich »ganz auf das ethische Verhalten … Dahinter steht ein Gottesbild, das durch Propheten und Thora geprägt ist, durch eine im prophetischen Geist gelesene Thora: Gott ist in seinem Wesen ethische Energie, ist Wille zum Guten.«[108] Für Jesus kommt es entscheidend darauf an, »diesen Willen zu tun«, danach zu leben. Diese enge Verknüpfung von Ethik und Religion hat die Form einer politischen Spiritualität hervorgebracht.

Auch im Islam verhält es sich ähnlich. Im Kern, so der islamische Theologe Mouhanad Khorchide, geht es dem Koran um den »rechten Weg«. »Leite uns den rechten Weg« ist die Bitte gleich am Anfang des Korans (Koran 1:6). Worin der rechte Weg besteht, das wird in Sure 6:151–153 beschrieben. »Der Koran bezeichnet diese Inhalte als Kern aller drei Religionen: Islam, Christentum und Judentum … Man darf sich nicht wundern, dass diese Inhalte den zehn Geboten Mose ähneln. Er bezeichnet sie als den rechten Weg Gottes.« 49-mal wird Glaube und Handeln im Koran in einem Atemzug genannt: »… die glauben und Aufrichtiges tun«. Es geht darum, in rechter Weise Gott und den Menschen »zu dienen«.[109]

Der Dalai Lama ist deshalb der Überzeugung, dass die Weltreligionen »dank ihrer ethischen Ressourcen einen wichtigen Beitrag zur Klärung der wichtigsten Anliegen der Menschheit leisten« können. In ihren ethischen Leitvorstellungen gibt es in der Tat sehr viel Übereinstimmung, auch wenn die jeweilige kulturelle Einbettung des Öfteren zu sehr unterschiedlichen Interpretationen, Rollenbildern und Rechtsvorstellungen führt.

Viele ethische Anweisungen in den heiligen Schriften sind zeitbedingt und nicht selten auch widersprüchlich. Und das spiegelt sich auch in der Auslegungsgeschichte der Schriften bis heute. Aber ihre zentralen ethischen Leitbilder sind äußerst hilfreiche Wegweiser zu einem guten Leben für alle. Sie können auch heute noch orientieren, inspirieren und motivieren. Deshalb lohnt es sich, diese in Erinnerung zu rufen. Schon der Prophet Jeremia empfahl, das Wissen der Vorfahren zu nutzen: »Fragt nach den Wegen der Vorzeit, welches der gute Weg sei, und wandelt darin, so werdet ihr Ruhe finden für eure Seelen« (Jeremia 6,16).

Gerechtigkeit als Grundlage des guten Lebens

Warum ist Gerechtigkeit unumgängliche Grundlage des guten Lebens? Weil sie drei Ziele verfolgt. Das erste Ziel: Menschen zu ihrem Recht zu verhelfen. Das zweite Ziel: durch sozialen Ausgleich das Gemeinwohl zu fördern. Das dritte Ziel: ein Maß für das gesellschaftliche Gleichgewicht zu finden.

Nichts ist gut, wenn Menschen nicht zu ihrem Recht kommen

Der Prophet Micha beschreibt im 8. Jh. v. Chr. in genialer Kürze den engen Zusammenhang von gutem Leben und Gerechtigkeit: »Es ist dir gesagt, Mensch, was gut (*tob*) ist, und was dein Gott von dir erwartet. Nichts anderes als dies: Recht (*mischpat*) tun, Gemeinschaftssinn (*chesed*) lieben und aufmerksam gehen (*zana*) mit deinem Gott« (Micha 6, 8). Verblüffend ähnlich heißt es im Koran in Sure 3:104: »Aus euch soll eine Gemeinschaft entstehen, die zum Guten ruft und gebietet, was Recht und verbietet, was Unrecht ist.«[110]

Israel war in vorstaatlicher Zeit eine egalitäre Gesellschaft von Bauern und Hirten ohne große soziale Unterschiede. Dies änderte sich mit dem Aufkommen des Königtums um das Jahr 1000 v. Chr. Im Gefolge des Königtums bildete sich eine neue Schicht von Beamten, Offizieren und Kaufleuten heraus, die als Großgrundbesitzer den traditionellen Kleinbauern weit überlegen waren. Seit dem 8. Jahrhundert kam es zu einem regelrechten Verdrängungs-

prozess, bei dem die Großgrundbesitzer die Kleinbauern zunehmend in ihre Abhängigkeit brachten.

Handhabe dazu bot ihnen das harte antike Kreditrecht. War
ein Schuldner säumig, hatte der Kreditgeber den Zugriff auf seine gesamte Habe wie auch auf seine Familie einschließlich seiner
Person. Viele Kleinbauern wurden so auf scheinbar legalem Wege
in Armut und Schuldknechtschaft getrieben. Dagegen protestier-
ten Propheten wie Amos, Jesaja oder Micha im Namen Gottes, so
Rainer Kessler in *Sozialgeschichte des alten Israel*.

Die Überzeugung des Micha war: Das Leben wird nur gut,
wenn es gerecht zugeht. Und das ist am Recht (*mischpat*) festzuma-
chen. Das Recht in Israel hielt fest, was jedem in der Gemeinschaft
zustand, worauf er einen Anspruch hatte. So wird vom »Recht des
Sklaven« oder vom »Recht der Armen« gesprochen. Gerade für
arme und benachteiligte Menschen am Rande der Gesellschaft ist
ihr Recht von existentieller Bedeutung.

Der ehemalige Bundesverfassungsrichter Helmut Simon hat
diesen Aspekt auf den Punkt gebracht: »Wer im Leben wenig hat,
muss im Recht viel haben.« Deshalb wird gefordert, das »Recht der
Armen« nicht zu beugen und nicht zu verdrehen: »Du sollst das
Recht des Armen in seinem Rechtsstreit nicht beugen« (Exodus 23,
6). Dieses Recht gehört ihm. Es ist sein Schutz gegen Übergriffe
anderer.

Jeder in Israel hatte ein Recht auf ausreichenden Besitz für den
Lebensunterhalt, auf anständige und menschenwürdige Behand-
lung, ein faires Gerichtsverfahren und ein gerechtes Urteil. Das
Rechtsethos zielte darauf, allen Mitgliedern der Gemeinschaft ein
freies, selbstbestimmtes und menschenwürdiges Leben zu ermöglichen. Deshalb heißt es in Psalm 82: »Verschafft Recht den Unterdrückten und Waisen, verhelft den Gebeugten und Bedürftigen
zum Recht.«

Arme hatten vor allem auch ein Recht auf Respekt. Dies zeigt
eine sensible Vorschrift im Pfandrecht: »Wenn du deinem Nächsten etwas borgst, so sollst du nicht in sein Haus gehen und ihm

sein Pfand nehmen, sondern du sollst draußen stehen, und er, dem du borgst, soll dein Pfand zu dir herausbringen« (Deuteronomium 24, 10–11). Der jüdische Philosoph Avishai Margalit sagt in diesem Sinne: »Eine anständige Gesellschaft ist eine Gesellschaft, deren Institutionen ihre Mitglieder nicht demütigen.«

Das Leben wird nur gut, wenn es gerecht zugeht. Und es geht nur gerecht zu, wenn Menschen darin mindestens zu ihren grundlegenden Rechten kommen. So hatte es dann auch der römische Jurist Ulpian im 2. Jh. n. Chr. als Grundsatz formuliert: »Gerechtigkeit ist der feste und beständige Wille, jedem sein Recht zuzuteilen.« Der mittelalterliche Theologe Thomas von Aquin folgte ihm darin: »Das Recht geht der Gerechtigkeit voraus.« Und Immanuel Kant formulierte dies mit gebührendem Pathos: »Das Recht des Menschen ist das Heiligste auf der Welt.«

Es ist klar, dass die Festlegung von Rechten abhängig ist vom Selbstverständnis der jeweiligen Gesellschaft, also kulturell und geschichtlich bedingt ist. Man denke nur daran, wie unterschiedlich Rechte von Frauen, Kindern oder Minderheiten in verschiedenen Kulturen gesehen werden. Deshalb kommt es auch darauf an, das Recht fortzuentwickeln, um darin die Würde des Menschen zu wahren.

Gemeinwohl durch sozialen Ausgleich fördern

Die Orientierung am Gemeinwohl ist die zweite fundamentale Zielsetzung der Gerechtigkeit. Das Wohl einer Gemeinschaft stellt sich nicht von allein ein. Es muss durch sozialen Ausgleich gefördert werden. Das ist auch das Anliegen einer sozialen Marktwirtschaft. Die Ungleichheiten, die der freie Markt hervorbringt, sollen durch steuerliche Maßnahmen und Transferleistungen wieder ausgeglichen werden. Das funktioniert nur leidlich im nationalen Maßstab. Im globalen Maßstab sind wir davon weit entfernt.

Um für stabile gesellschaftliche Verhältnisse zu sorgen, wurde in Israel eine soziale Gesetzgebung entwickelt, die sozialen Abstieg, Verelendung und Armut strukturell verhindern sollte. Die wichtigsten Maßnahmen waren: Das Verbot des Zinsnehmens, der periodische Schuldenerlass alle sieben Jahre, die Humanisierung des Sklavenrechts, die Verwendung des Zehnten für die Armen in jedem dritten Jahr und das Sabbatgebot (Exodus 23,10–12; Levitikus 25, 1–7, 35–43; Deuteronomium; 14, 28–29; 15, 1–3).

Diese Gebote sollten einem hemmungslosen Profitstreben auf Kosten der Armen Einhalt gebieten. Der reichen Oberschicht wurde damit einiges an Beschränkungen und sozialem Ausgleich zugemutet. Die Bibel ist der Überzeugung, dass Reichtum ein Maß braucht, damit Armut eine Grenze findet.

Im Islam hat die soziale Pflichtabgabe, die *Zakat*, dieselbe Funktion. Sie soll den Armen helfen und das Herz des Spendenden von Habsucht »läutern«. So heißt es im Koran: »Ihr werdet Frömmigkeit nicht erlangen, ehe ihr von dem spendet, was ihr liebt. Und was immer ihr spendet, Gott weiß es« (Koran 3:92; auch 9:103, 92:18). Die *Zakat* ist eine wesentliche Komponente »für die Umverteilung des Vermögens in einer Gesellschaft, um Armut zu bekämpfen.«[111]

Der Gedanke des sozialen Ausgleichs ist auch heute wieder von höchster Aktualität angesichts der aufreizenden sozialen Polarisierung. Wenn eine Handvoll Milliardär*innen so viel besitzt wie die arme Hälfte der Menschheit, dann stimmt etwas nicht. Eigentum verpflichtet, galt schon damals. So wie es heute in unserem Grundgesetz in Artikel 14 (2) festgehalten ist: »Eigentum verpflichtet. Sein Gebrauch soll zugleich dem Wohle der Allgemeinheit dienen.«

In diesem Sinne sah Cicero, der große römische Staatsmann, Redner und Philosoph, als »Grundforderungen der Gerechtigkeit … erstens die Absicht, niemand zu schädigen, sodann, dass dem Gemeinwohl gedient werde« (*De officiis*, 1, 31).

Auch für den großen griechischen Philosophen Aristoteles war klar, dass eine Gesellschaft ohne vernünftigen sozialen Ausgleich nicht bestehen kann. Deshalb müsse man in einem demokratischen Gemeinwesen dafür Sorge tragen, »dass überhaupt die große Menge nicht gar zu arm ist, denn darin liegt die Schuld, wenn die Demokratie schlecht ist. Man muss also vielmehr auf Mittel sinnen, einen dauernden Wohlstand zu begründen. Und da dies auch im Interesse der Reichen liegt, so muss man die Überschüsse der Staatseinkünfte ansammeln und sie in großen Summen unter die Armen verteilen; und das Beste ist, wenn man so viel zusammenbringen kann, wie für einen jeden zur Erwerbung eines Gütchens, geht dies aber nicht, zur Begründung eines Handels oder einer Landwirtschaft ausreicht ... von Seiten der Vornehmen ist es ebenso edel wie klug, wenn sie den Armen ... die erforderlichen Hilfsmittel bereitstellen und ihnen so den Anreiz zur Arbeit geben« (*Politik*, VI 5). Mit den Armen meinte Aristoteles die Unterschicht der Händler, Handwerker und Bauern.

Der Bestand eines Gemeinwesens hängt nach Aristoteles davon ab, ob alle Bürger eine sichere und zufriedenstellende Existenzgrundlage haben. Er plädiert deshalb entschieden für einen Ausgleich zwischen Reichen und Armen und die Förderung eines breiten Mittelstandes (*Politik*, IV 11).

Insgesamt ist es besser, von sozialem Ausgleich zu sprechen als von Verteilungsgerechtigkeit. Diese wird zu sehr nur materiell verstanden. Dabei geht es in einem umfassenderen Sinn immer um einen Ausgleich von Interessen, um die Sicherung von Rechten und Lebensmöglichkeiten.

Reichtum braucht ein Maß, Armut eine Grenze

Adam Smith, Vordenker der modernen Marktwirtschaft, sei hier als unverdächtiger Zeuge zitiert. In seiner *Theorie der ethischen Gefühle* schreibt er im 3. Kapitel: »Gerechtigkeit ist der Hauptpfeiler, der das ganze Gebäude der Gesellschaft stützt ... Sie zielt darauf, die Schwachen zu schützen und die Ungestümen zu zähmen.«

Die Mächtigen und Reichen in die Schranken des Rechts und der Gerechtigkeit zu weisen, war und ist jedoch nicht einfach. Schon Aristoteles wusste, wie schwierig es ist, diejenigen davon zu überzeugen, welche »die Macht, ihren Vorteil durchzusetzen,

in Händen haben; denn immer sind es die Schwächeren, die nach
Recht und Gerechtigkeit suchen, die Stärkeren aber kümmern sich
nicht darum« (*Politik*, VI 3).

Deshalb warnt er eindringlich vor den Hab- und Machtgieri-
gen. Er sagt: »Wahr aber bleibt, dass die größten Ungerechtigkeiten
von denen ausgehen, die das Übermaß verfolgen, nicht von denen,
welche die Not treibt« (*Politik*, II 7). Also von denen, die mehr haben wollen, als ihnen nach Gesetz und Sitte zusteht. Die Gier ent-
puppt sich als größte Gegenspielerin der Gerechtigkeit, besonders
gefährlich, wenn sie sich in ein System hineinfrisst.

Auch Jesaja in seiner Zeit warnt die Reichen und Mächtigen:
»Weh euch, die ihr Haus an Haus reiht und Feld an Feld fügt, bis
kein Platz mehr da ist und ihr allein im Land ansässig seid« (Jesaja
5, 8; auch Micha 2, 1–2). Unwillkürlich denkt man heute dabei an
große Konzerne und Staatsfonds, die riesige Ackerflächen aufkau-
fen, um Anbauflächen für ihre Bedarfe zu sichern. Wie viele Felder
bleiben da noch übrig für die im Land ansässigen Armen?

Und noch einmal Jesaja: »Weh denen, die unheilvolle Gesetze
erlassen und unerträgliche Vorschriften machen, um die Schwachen vom Gericht fernzuhalten und den Armen meines Volkes ihr
Recht zu rauben« (Jesaja 10, 1–2). Franz-Josef Radermacher, der
für einen Global Marshall Plan eintritt, hat einmal treffend im Blick
auf die globale Dynamik gesagt: Das größte Unrecht geschieht le-
gal – durch Handels- oder Patentgesetze, durch Steuergesetze mit
Schlupflöchern oder inakzeptable soziale und ökologische Standards.

Wie für Tora und Propheten ist auch für Jesus Gerechtigkeit
das erstrebenswerte Ziel: »Trachtet zuerst nach dem Reich Gottes
und seiner Gerechtigkeit« (Matthäus 6, 33). Die angespannte ökonomische Situation der jüdischen Landbevölkerung hat sich unter
römischer Herrschaft im 1. Jh. v. und n. Chr. nochmals verschärft.
Römische Besatzer und einheimische Oberschicht arbeiten Hand
in Hand.

In den Städten konzentrieren sich Macht und Reichtum, auf dem Land herrscht bittere Armut. Hohe Steuern und Abgaben drücken die Landbevölkerung. Die Gleichnisse Jesu enthalten viele Hinweise auf diese sozialen Spannungen seiner Zeit. Luise Schottroff hat diesen Aspekt in *Die Gleichnisse Jesu* besonders herausgearbeitet.

So erzählt Jesus von einem reichen Kornbauern, der seine Scheunen vergrößert, um Getreide besser horten zu können. Auf diese Weise will er den Preis in die Höhe treiben und hofft auf ein Riesengeschäft (Lukas 12, 16–21). Da begegnen einem Tagelöhner, die ohne feste Arbeit und Einkommen sind, völlig abhängig von Willkür und Gunst eines Weinbergbesitzers. Mit Weinhandel konnte im Römischen Reich ein lukratives Geschäft gemacht werden (Matthäus 20, 1–16). Einer Witwe geschieht doppeltes Unrecht: durch ihren Widersacher und durch einen gleichgültigen oder vielleicht auch bestochenen Richter (Lukas 18, 1–5). Da kommen Bettler wie der arme Lazarus, Kranke und anderweitig Ausgegrenzte in den Blick (Lukas 14, 21; 15, 1; 16, 19–31).

Jesus schildert den harten Alltag verschuldeter Kleinbauern und die rücksichtslosen Methoden des Schuldeneintreibens, die oft mit brutaler Willkür und raffiniertem Betrug einhergingen (Matthäus 18, 23–35; Lukas 16, 1–13). In der maßlosen Gier sieht auch Jesus die größte Gefahr für das Gemeinwesen: »Gebt Acht, hütet euch vor jeder Art von Habgier« (Lukas 12, 15). »Ihr könnt nicht Gott dienen und dem Mammon« (Matthäus 6, 24). Dies wird auch zur Richtschnur der ersten Christen: »Die Geldgier ist die Wurzel allen Übels … du aber, fliehe das und jage der Gerechtigkeit nach« (1. Timotheus 6, 10–11). Auch der Koran warnt eindringlich vor der Habsucht (Koran 59:9).

So bleibt für Jesus und seine Anhänger die Sehnsucht nach einer besseren und gerechteren Welt, die Hoffnung auf das »Reich Gottes«. Die Sehnsucht nach Gerechtigkeit wird bei Jesus zum Motiv und Maßstab des Handelns: »Selig sind, die hungern und dürsten nach der Gerechtigkeit; denn sie werden satt werden« (Matthäus 5, 6.10). Das ist dann in etwa das, was Jürgen Habermas meinte: Hier ist ein Bewusstsein vorhanden »von dem, was fehlt, und von dem, was zum Himmel schreit«.

Es ist erstaunlich, wie in der gesamten Antike vor der Geld- und Habgier gewarnt wird. In der christlichen Tradition wird sie als eine der sieben großen Laster und schweren Sünden gebrandmarkt. Warum? Weil sie die Balance der Gesellschaft zerstört. Wo die einen immer mehr haben wollen, bleibt für die anderen immer weniger übrig. Die Ressourcen des Lebens und der Welt sind begrenzt.

Es ging den antiken Philosophen und Theologen nicht um irgendwelche Neidgefühle, die mit Moralin unterfüttert wurden, sondern um die berechtigte Sorge um den Bestand des Gemeinwesens. Gerechtigkeit hat es nicht nur mit dem Prinzip der Gleichheit zu tun, etwa der Gleichheit vor dem Gesetz oder der Gleichheit von Chancen. Sie hat es vor allem auch mit dem Prinzip der Verhältnismäßigkeit zu tun, hinter dem der Begriff des Maßes steht.

Von daher ist Aristoteles zu verstehen: Er sucht das richtige Maß und fragt etwa bei der Verteilung von Ämtern, Geld und öffentlicher Anerkennung danach, was jeweils angebracht ist. Gerechtigkeit sucht in dieser Hinsicht das »Angemessene«, »ein Mittleres zwischen einem Zuviel und einem Zuwenig« (*Nikomachische Ethik,* V 6).

Aristoteles und zuvor schon Platon, so die erhellende Interpretation von Georg Picht in seinem Aufsatz *Zum Begriff des Maßes,* geht es um die richtigen Maßverhältnisse, die ein Gemeinwesen braucht, um im Gleichgewicht zu bleiben. Sie haben deshalb mit Hilfe der mathematischen Proportionenlehre »Gerechtigkeit definiert und zu zeigen versucht, welche Maßverhältnisse ein Staat einhalten muss, wenn er Bestand haben soll.«[112]

Gerechtigkeit hat es mit dem rechten Maß zu tun. Reichtum braucht deshalb ein Maß, damit er nicht durch eine hohe Konzentration an Macht und Einfluss das sensible dynamische Gleichgewicht der Gesellschaft zerstört. Man kann sich diesen Denkansatz sehr gut veranschaulichen, wenn man sich kybernetisch klarmacht, wie lebendige organische Systeme funktionieren: Sie haben als untere Grenze ein überlebensnotwendiges Minimum, als obere Grenze nicht ein Maximum, sondern ein Optimum. Nur in diesem Bereich zwischen Minimum und Optimum bleiben sie stabil.

Das Wissen um ein Maß war der stützende kulturelle Rahmen der Gerechtigkeit. Vom rechten Maß her hat sie bestimmt, was angemessen ist und was zu viel und dann auch nicht mehr zu rechtfertigen ist. Aristoteles ahnte schon beim Aufkommen der Geldwirtschaft, dass es in dieser »Kunst des reinen Gelderwerbs und der Bereicherung« (*chrematistiké*) »keine Grenze zu geben scheint« (*Politik*, I 9–10).

Die drei Zielvorstellungen von Gerechtigkeit waren natürlich kulturell und politisch unterschiedlich ausgefüllt. So hatte Aristoteles vor allem die Sicherung von Freiheit und Wohlstand der freien Bürger in einer Polis im Blick, wobei Sklaven und Frauen außen vor blieben. Die jüdisch-christliche Tradition dagegen hatte vor allem die Menschen am Rand der Gesellschaft im Blick, Arme und Ausgegrenzte, Sklaven und Fremde. Die eigene Erfahrung der Unterdrückung und des Fremdseins in der ägyptischen Sklaverei wurde in Israel im kollektiven Bewusstsein aufbewahrt und führte zu einem sensiblen Blick von unten.

Gerechtigkeit wird jedoch bei allen kulturell bedingten Unterschieden als unerlässliches Fundament einer zukunftsfähigen Gesellschaft angesehen. Dies ist in einem Bild beim Propheten Jesaja sehr schön zum Ausdruck gebracht: »Seht her, ich lege einen Grundstein in Zion, ein Fundament, das sicher und fest ist. Als Senkblei nehme ich das Recht, als Wasserwaage die Gerechtigkeit« (Jesaja 28, 16–17).

In diesem Sinne ist Gerechtigkeit Grundlage einer stabilen Gesellschaft, unabdingbare Voraussetzung für ein gutes Leben für alle. So formuliert es die Weisheitsliteratur der Bibel: »Der Weg der Gerechtigkeit führt zum Leben« (Sprüche 12, 28). »Das Werk der Gerechtigkeit wird Friede sein«, attestiert ein Prophet (Jesaja 32, 17).

Auch in der antiken Philosophie wurde dies so gesehen. Für Aristoteles hat Gerechtigkeit den Zweck, »das Glück (*eudaimo-*

nia) sowie dessen Komponenten für das Gemeinwesen hervorzu-
bringen und zu erhalten«, also zu schauen, »was das Leben als
Ganzes voranbringt« ((*Nikomachische Ethik,* V 3). Dann steht das
»Leben unter einem guten Stern«, dann ist eine Gesellschaft »von
einem guten Geist beseelt«, so die wörtliche Übersetzung von
eudaimonia.

Genügsamkeit statt Gier

Aus diesen Gründen ist Genügsamkeit eine Schlüsselkategorie der
Religionen für ein gutes Leben. Ohne diese wuchert eine Unzufriedenheit im Gewebe der Gesellschaft. Eine befriedete Gesellschaft
kann es auch genug sein lassen, muss nicht immer weiterwachsen,
das letzte an Ressourcen aus der Erde holen, von einer Innovation
zur anderen jagen.

Mit *Schalom* beschreibt die Hebräische Bibel die Vision eines guten Lebens. *Schalom* meint »Friede«, »Wohlergehen«, auch
»Ganzheit«. Das Ziel von *Schalom* ist ein Zustand befriedeten Lebens, in dem alle genug zum Leben haben. Das wird noch deutlicher, wenn man sich die Grundbedeutung von *Schalom* klarmacht,
die »Genüge, Genüge haben« meint. Mit *Schalom* wollte Israel
einen Zustand gesellschaftlichen Gleichgewichts beschreiben, in
dem alle genug zum Leben haben, niemand ausgegrenzt ist und alle
als Mitglieder der Gesellschaft wertgeschätzt werden. Ausdrücklich
waren darin auch die Fremden einbezogen.

Der 1. Timotheus-Brief preist im 6. Kapitel die Genügsamkeit
als christliche Tugend in schönen Worten: »Ein großer Gewinn
aber ist die Frömmigkeit zusammen mit Genügsamkeit (*autar-
keia*). Denn wir haben nichts in die Welt gebracht; darum können
wir auch nichts hinausbringen. Wenn wir aber Nahrung und Klei-
der haben, so wollen wir uns damit begnügen.« Die Geldgier wird
dagegen als »die Wurzel allen Übels« gebrandmarkt.

Genügsamkeit beschreibt hier eine Lebenseinstellung der Be-
scheidenheit und Dankbarkeit. Menschen erfahren eine große Zu-
friedenheit, wenn sie sich mit dem Lebensnotwendigen begnügen

und nicht immer mehr wollen. Eine solche Lebenseinstellung wird als »großer Gewinn« bezeichnet. Sie macht Menschen innerlich frei und unabhängig. Und dies sowohl in einer Zeit des Mangels wie damals, und noch viel mehr in einer Überflussgesellschaft.

Dankbarkeit ist da in einer Konsumgesellschaft geradezu subversiv. Sie lässt souverän alle Versuche der Werbung ins Leere laufen, die uns einreden wollen, dass uns noch etwas fehlt zum Glück. Werbung sät hier ständig Unzufriedenheit in unsere Gesellschaft hinein. Das ist das Tückische. Schön subversiv klingt hier auch das Motto von Janosch, dem bekannten Kinderbuchautor: »Wer fast nichts braucht, hat alles.«

Für Papst Franziskus liegt in einer solchen Einstellung ein wesentlicher Schlüssel für die »ökologische Umkehr«:

> »Die christliche Spiritualität schlägt ein anderes Verständnis von Lebensqualität vor und ermutigt zu einem prophetischen und kontemplativen Lebensstil, der fähig ist, sich zutiefst zu freuen, ohne auf Konsum versessen zu sein ... Es handelt sich um die Überzeugung, dass ‚weniger mehr ist‘ ... Es ist eine Rückkehr zur Einfachheit, die uns erlaubt innezuhalten, um das Kleine zu würdigen, dankbar zu sein für die Möglichkeiten, die das Leben bietet, ohne uns ... über das zu grämen, was wir nicht haben ... Die Genügsamkeit, die unbefangen und bewusst gelebt wird, ist befreiend« (LS 222–223).

Wodurch das Leben gut und schön wird

Zuwendung und Mitgefühl

Damit das Leben nicht nur gerecht, sondern auch noch gut und schön wird, braucht es eine weitere Dimension als Zugabe. Diese Zugabe hat der Prophet Micha in dem zitierten Satz mit dem hebräischen Wort *chesed* benannt. Dieses Schlüsselwort hat eine weite Bedeutung und kann mit »Freundlichkeit, Güte, Zuwendung, Gemeinschaftssinn, Solidarität, Mitgefühl, Barmherzigkeit« übersetzt werden.

In diesem Sinne formuliert der Prophet Micha sehr nuanciert. Die freundliche Zuwendung zum Mitmenschen kann man nicht erzwingen. Aber sie soll auch nicht lustlos erfolgen, nein, wir sollen *chesed* »lieben«, denn solche Formen von Mitmenschlichkeit machen das Leben erst gut und schön. »Wer Gerechtigkeit und Freundlichkeit nachjagt, findet Leben, Gerechtigkeit und Ansehen« (Sprüche 21, 21).

Das Ethos des Juden- und Christentums verbindet also eine kritische Reflexion über Recht und Unrecht mit einem Appell an Mitgefühl und Empathie. Kognitive und emotionale Fähigkeiten werden in gleicher Weise angesprochen. So ruft der Prophet Sacharja dazu auf: »Sprecht das Recht verlässlich, handelt freundlich und barmherzig – alle aneinander! Witwen und Waisen, Fremde und Verelendete sollt ihr nicht bedrücken« (Sacharja 7, 9–10).

Auch für Jesus sind Recht und Barmherzigkeit das zentrale Anliegen der Tora (Matthäus 23, 23). In seinen Seligpreisungen stellt er die Sehnsucht nach Gerechtigkeit und die Bereitschaft zum barmherzigen Handeln nebeneinander (Matthäus 5, 6–7). Barmherzigkeit wurde in der Folge zu einer der großen christlichen Tugenden, vielfach geübt in Armenhäusern und Spitälern. Die sieben Werke der Barmherzigkeit wurden im Anschluss an Matthäus 25 (Hungernde speisen, Kranke besuchen u. a.) oft auch künstlerisch dargestellt, um dazu zu motivieren. Barmherzigkeit (*misericordia*) bedeutet sinngemäß ein »Herz für die Armen« haben.

Auch der Islam, so Khorchide, will als »Religion der Barmherzigkeit« verstanden werden. So heißt es im Koran über die Aufgabe des Propheten Mohammed: »Wir haben dich lediglich als Barmherzigkeit für alle Welten entsandt« (Koran 21:107).[113]

Das Mitgefühl spielt auch in der Philosophie, vor allem in der angelsächsischen, eine große Rolle. Adam Smith schreibt in der Einleitung zu seiner *Theorie der ethischen Gefühle*: »Man mag den Menschen für noch so egoistisch halten, es liegen doch offenbar gewisse Prinzipien in seiner Natur, die ihn dazu bestimmen, an dem Schicksal anderer Anteil zu nehmen ...« Durch dieses angeborene

»Einfühlungsvermögens« sind wir zum »Mitgefühl« (*sympathy*) fähig. Es ist ein krasses Missverständnis, dass der Philosoph und Ökonom Adam Smith einem rücksichtslosen Egoismus das Wort geredet hätte. Er hat in seinem populären Werk *Wohlstand der Nationen* nur die kreative Kraft des Eigeninteresses betonen wollen.

Immanuel Kant hat kritisch angemerkt: »Das warme Gefühl des Mitleids ist schön und liebenswürdig, aber letztlich schwach und blind.« Dem hat Arthur Schopenhauer widersprochen und betont, dass gerade das Mitleid »die allein ächt moralische Triebfeder« sei. Denn erst sie treibt an und motiviert zum Handeln. Das unmittelbare Einfühlen braucht allerdings ergänzend das reflektierende Hineindenken, um zu einem angemessenen und hilfreichen Handeln zu kommen. Sonst sitzen wir leicht einem »falschen Mitleid« auf. Friedrich Nietzsche hat durchaus zutreffend beobachtet, dass den Mitleidenden »das Zartgefühl vor Distanzen leicht abhandenkommt.«

Das anteilnehmende Mitgefühl braucht deshalb das Zusammenspiel mit der uns ebenfalls mitgegebenen Vernunft. Und unser Gehirn kann das leisten. Hirn und Herz können Hand in Hand gehen. Wir können uns in andere einfühlen, die Welt durch ihre Augen sehen, und doch gleichzeitig den eigenen Blickwinkel beibehalten. »Unser Gehirn scheint mit diesem scheinbaren Widerspruch fertig zu werden, indem einige Schaltungen von fremden Gefühlen und Gedanken angesteckt werden, andere aber nicht. Auch können eigene und fremde Perspektive wie in einem Kippbild immer wieder wechseln …«, so der Biologe und Wissenschaftsjournalist Stefan Klein.[114]

Auch die buddhistische Ethik fordert dazu auf, warmherziges Mitgefühl und kritisches Reflektieren zu verbinden, so der Mönch, Philosoph und erste buddhistische Professor an einer westlichen Universität Walpola Rahula. Zwei Fähigkeiten muss der Mensch entwickeln: »Mitleid und Weisheit. Mitleid schließt … Eigenschaften der Gemütsseite oder des Herzens ein, während Weisheit die intellektuelle Seite, die Fähigkeit des Geistes, umfasst.«[115]

Mitgefühl hat als starke motivierende Kraft allerdings eine Gegenspielerin. Und das ist die Gleichgültigkeit. Sie lässt sich nicht berühren, wehrt ab, weigert sich hinzusehen. Der Auschwitz-Überlebende Elie Wiesel hat dies einmal so formuliert: »Das Gegenteil von Liebe ist nicht Hass, sondern Gleichgültigkeit.« In den Anweisungen im 5. Buch Mose gibt es deshalb die eindringliche Mahnung »Tu nicht so, als ginge dich das nichts an.« Sie bezieht sich konkret darauf, sich auch um Tiere von anderen zu kümmern, die sich verlaufen haben, und diese ihren Besitzern zurückzubringen (Deuteronomium 22,1–4). Auch im Buddhismus ist die Warnung vor Ignoranz, Gleichgültigkeit und Gedankenlosigkeit eine zentrale Botschaft.

Die motivierende Kraft des Mitgefühls

Der Dalai Lama sieht im Mitgefühl (*compassion*) eine »angeborene menschliche Fähigkeit«. Sie ermöglicht es dem Menschen, seine Ichbezogenheit zu überwinden und sich für das Wohlergehen anderer einzusetzen. Sie ist eine »Kraft gegen die Engstirnigkeit« ichbezogenen Denkens.

Diese Fähigkeit des Mitfühlen Könnens ist für ihn das Fundament aller Ethik. In ihr kommt eine »elementare menschliche Spiritualität« zum Ausdruck. Wenngleich das Mitgefühl auch das »Herz der Religionen« darstellt, in ihnen vielfältig gefördert und praktiziert wird, so ist es doch unabhängig von religiösen Begründungen, weil es eine angeborene menschliche Fähigkeit ist. Insofern ist eine Ethik des Mitgefühls anschlussfähig an andere weltanschauliche Traditionen.

Im Tibetischen, so der Dalai Lama, wird dieses angeborene Einfühlungsvermögen mit *nying je* bezeichnet. Dieser Begriff enthält eine Fülle an Bedeutungen und »umfasst Liebe, Zuneigung, Freundlichkeit, Sanftheit, Geistesgröße, Toleranz, Warmherzigkeit«. In ihm »steckt ein Gefühl der Verbundenheit mit anderen«. Er enthält auch eine »kognitive Komponente« und lässt sich somit als »Kombination von Einfühlungsvermögen und Überdenken auffassen«.

Das Einfühlungsvermögen, das sich nicht nur auf nahestehende Menschen, sondern auf alle Lebewesen bezieht, wird »Großes Mitgefühl« (*nying je chemno*) genannt. Es korrespondiert mit einem »universellen Bewusstsein« (*chi sem*).[116]

Für den Dalai Lama bedeutet Verantwortung ihrem Wortsinn nach, »die angemessene Antwort auf eine gegebene Situation zu liefern … mit Mitgefühl«.[117] In seinem Zusatz steckt ein wichtiger Fingerzeig. Wie wir antworten, oder ob wir uns überhaupt angesprochen fühlen, hängt wesentlich von unserer Bereitschaft ab, ob wir uns in die Lage anderer hineinversetzen wollen oder nicht. Mitgefühl ist eine entscheidende Voraussetzung, dass wir uns für andere einsetzen oder uns in einer bestimmten Situation mitverantwortlich fühlen.

Verantwortung nehmen wir da motiviert wahr, wo wir uns verbunden fühlen. Der Naturphilosoph Klaus Michael Meyer-Abich hat dies im Bild von Verantwortungskreisen anschaulich gemacht, die wir enger oder weiter fassen können. Wenn wir uns nur nahestehenden Menschen verbunden fühlen, werden wir uns auch nur ihnen gegenüber verantwortlich fühlen.

Wenn uns jedoch das Schicksal von Menschen als Mitmenschen berührt, werden wir uns auch für Opfer von Naturkatastrophen, Kriegs- oder Klimaflüchtlinge interessieren und uns politisch engagieren. Dann sind uns auch die Lebensbedingungen künftiger Generationen nicht gleichgültig. Insoweit wir uns Mitmenschen und Mitwelt verbunden fühlen, insoweit fühlen wir uns auch verantwortlich und sind motiviert, etwas für sie zu tun. Schon Konfuzius hatte das Bild von »konzentrischen Kreisen des Mitgefühls« gebraucht.

Aus Mitgefühl zu handeln ist ein starker Antrieb und hoher moralischer Anspruch. Die Religionen fordern dazu auf. Es wäre jedoch in unserer Welt schon viel erreicht, wenn ein aufgeklärtes Eigeninteresse am Werk wäre. Dass wir zum Beispiel sehen, dass ein fortschreitender Klimawandel zu Millionen von Klimaflüchtlingen führt, die bald an die Tore Europas klopfen werden. Oder dass ein sinnloser Rüstungswettlauf enorme wirtschaftliche Ressourcen verschlingt, Misstrauen verstärkt und die Unsicherheit letztlich erhöht.

Kurzsichtige Interessen verengen den Blick für weitsichtige gute Lösungen. Und gerade da, wo Menschen und Institutionen meinen, ihr Eigeninteresse zu verfolgen, werden sie oft von irrationalen Motiven bestimmt, die ihnen mehr schaden als nützen.

Die Goldene Regel als Anleitung

Das *Deutsche Universalwörterbuch* definiert Mitgefühl als »Anteilnahme am Leid, an der Not anderer«. Das englische Wort *compassion* ist abgeleitet vom griechischen *pathein*, »leiden, erleben, erfahren«. Daher, so Karen Armstrong, »meint *compassion* ,(etwas) *mit* einer anderen Person aushalten', also sich in einen anderen hineinzuversetzen, seinen Schmerz zu erleben, als wäre es unser eigener, und seinen Standpunkt, seine Sichtweise einzunehmen. Aus diesem Grund wird Mitgefühl treffend von der Goldenen Regel zusammengefasst ...«[118]

Die »Goldene Regel« gehört deshalb zum Kernbestand aller großen Religionen. Sie ist die klassische Übung für ein Zusammenspiel von Herz und Hirn. Anteilnehmen am Schicksal anderer und Mitgefühl entwickeln kann ich nur, wenn ich mich in die Lage anderer hineinversetze.

Die Herausforderung in einer globalisierten Welt besteht darin, uns in die Situation von Menschen an anderen Orten und in anderen Lebenssituationen hineinzufühlen und hineinzudenken. Und sich dann ehrlich zu fragen, was ihre Situation mit unserem gesellschaftlichen Lebensstil zu tun hat und welche Möglichkeiten wir haben, um ihre Situation zu verbessern. Dabei ist klar, dass wir das nicht immer und überall können. Wir brauchen auch innerlich immer wieder Abstand zu dem vielen Bedrückenden in der Welt, um nicht selbst davon niedergedrückt zu werden.

Der chinesische Weise Konfuzius hat wohl als Erster die Goldene Regel formuliert. »Als er gefragt wurde, welche seiner Lehren seine Schüler ‚täglich und den ganzen Tag‘ befolgen könnten, antwortete er: ‚Die Nächstenliebe (*shu*). Was du selbst nicht wünschest, tu nicht anderen an‘. Er erklärte, das sei der rote Faden, der sich durch seine gesamte spirituelle Methode ziehe, die er ‚den Weg‘ (*dao*) nannte, und diese Regel fasse alle seine Lehren zusammen.«[119] Buddha wiederum fasste die Goldene Regel in eine Frage: »Ein Zustand, der nicht angenehm oder erfreulich für mich ist, wie kann ich ihn einem anderen zumuten?«

Für Jesus ist die Goldene Regel *die* prägnante ethische Anweisung: »Alles nun, was ihr wollt, dass euch die Leute tun sollen, das tut ihnen auch. Das ist es, was die Tora und die prophetischen Schriften sagen« (Matthäus 7, 12; Lukas 6, 31). Rabbi Hillel, ein Zeitgenosse Jesu, formuliert es ähnlich: »Was dir verhasst ist, das tue keinem anderen an. Das ist die ganze Tora. Alles andere ist nur Kommentar dazu.« Auch der viel zitierte Hadith im Islam erinnert nachdrücklich an die Goldene Regel: »Keiner von euch ist gläubig, wenn er seinem Nächsten nicht das wünscht, was er sich selbst wünscht.«[120]

Die Goldene Regel möchte für den anderen und seine Bedürfnisse sensibilisieren. Sie begründet keine moralischen Normen, möchte jedoch durch die Aufforderung zum Perspektivwechsel zu einem hilfreichen und solidarischen Handeln motivieren. Warum spricht dies die Goldene Regel dann nicht einfach so aus?

Indem sie die inhaltliche Füllung nicht vorgibt, stellt sie vor die Aufgabe, in der jeweiligen Situation zu prüfen, was hier und jetzt gut und hilfreich ist. Und dies kann nur herausgefunden werden, wenn man sich in die Situation des anderen hineinversetzt, und zwar emotional und kognitiv in gleicher Weise. Und dann so zu handeln, wie man es für sich selbst an seiner Stelle in dieser Situation auch wünschen würde.

Die Goldene Regel ist die vielleicht älteste moralische Faustregel, die in vielen Kulturen und allen Weltreligionen überliefert ist. Deshalb ist für den katholischen Theologen Hans Küng die Goldene Regel eine gute gemeinsame Grundlage in einem »Projekt

Weltethos«. Sie verlangt, sich in die Situation des anderen hineinzuversetzen und seine Perspektive einzunehmen. Sie fordert damit
einen imaginären Rollentausch. Für den Sozialphilosophen George
H. Mead ist dies der »Kern einer jeden Ethik«.

Liebe und Güte

Inhaltlich gefüllt wird die Goldene Regel im Judentum und Christentum durch das Gebot der Nächstenliebe. Das wird besonders
deutlich, wenn man der Übersetzung des jüdischen Gelehrten
Martin Buber für Levitikus 19, 18 folgt: »Liebe deinen Nächsten.
Er ist wie du«. Die Übersetzung »wie dich selbst« verfehlt das Ge-
meinte. Die drei hebräischen Worte bedeuten nach Martin Buber
»dir gleich, und gemeint ist: verhalte dich darin so, als gelte es dir
selbst. Um ein Verhalten geht es hier nämlich, nicht um ein Gefühl.«

Das ist ein wichtiger Punkt, weil wir das Wort Liebe mit einem
Gefühl oder gar mit Gefühlsduselei verbinden. Es geht im biblischen Sinn jedoch um eine grundsätzliche Einstellung und Haltung
dem anderen gegenüber. Wir sollen dem anderen rücksichtsvoll,
hilfsbereit und zuvorkommend begegnen, so wie wir es für uns
selbst auch wünschen. »Er ist wie du.« Deshalb können wir ihn
verstehen, uns in seine Lage versetzen.

Das hebräische Wort *rea* hat dabei eine umfassende Bedeutung.
Es steht für den Nächsten, den Bruder, den Volksgenossen, aber
auch für den Mitmenschen schlechthin, für alle Menschen, mit
denen durch Lebensumstände eine gegenseitige Beziehung besteht. Es bezeichnet Menschen, mit denen man in irgendwelcher
Weise verbunden ist oder an einem Ort zusammenlebt, so Martin
Buber.[121]

Verbunden und verflochten sind wir heute global mit vielen
Menschen, mit der Näherin in Bangladesch oder dem Minenar-
beiter im Kongo. Wir kennen sie nicht persönlich, aber wir wissen,
dass die billige Jeans oder das smarte Phone etwas mit ihren Arbeitsbedingungen zu tun hat. »Er oder sie ist wie du.« Was heißt

es dann, sich so verhalten als gelte es uns selbst? Da braucht es Übersetzungsfantasie, um ein altes Gebot ins globale Zeitalter zu übertragen.

Schon in biblischer Zeit wurde das Gebot der Nächstenliebe ausgedehnt auf andere, zunächst auf ausgegrenzte arme Volksgenossen. Dazu findet sich beim Propheten Jesaja eine schöne Formulierung: Dass du »den Hungrigen dein Herz finden lässt« (Jesaja 58,10). Es soll etwas in einem ins Schwingen kommen, Resonanz soll entstehen. Verantwortung wird hier von ihrer Grundbedeutung her erfasst: Sich ansprechen lassen und entsprechend antworten. Dieses Verständnis hat Martin Buber besonders betont.[122]

Ausgedehnt wurde das Gebot auch auf den Fremden, »der bei euch wohnt« (Levitikus 19, 33–34; 25, 35). Der Flüchtling, der vor Hungersnot oder Krieg geflohen ist, ist ein Mensch wie du. Den Fremden zu lieben wird damit begründet: »… denn ihr seid auch Fremdlinge gewesen in Ägypten.« Ihr wisst also, wie einem da zumute ist, ihr »kennt seine Seele« übersetzt Leo Baeck. Die Zeit als Sklaven in Ägypten hatte sich tief in das kollektive Gedächtnis Israels eingeprägt und für das Schicksal von Flüchtlingen sensibilisiert.

Jesus weitet dann das Gebot der Nächstenliebe auch noch auf die Feinde aus. Damit fällt eine weitere, letzte Grenze. »Liebet eure Feinde …, auf dass ihr Töchter und Söhne seid eures Vaters im Himmel. Denn er lässt seine Sonne aufgehen über Böse und Gute und lässt regnen über Gerechte und Ungerechte« (Matthäus 5, 44–45).

Das heißt nichts anderes, als dass die Liebe allen Menschen gelten soll, so wie Gottes Güte allen Menschen gilt. Indem Menschen so handeln, werden sie zu Töchtern und Söhnen Gottes. Trennungen zwischen und Abgrenzungen gegenüber anderen Menschen werden aufgehoben. Das Einzige, was zählt, ist der Mensch als Mensch. Das Einzige, was zählt, ist die Liebe, die offen ist für alle Menschen.

Dahin führt auch recht verstanden der spirituelle Weg. Der mittelalterliche Mystiker Johannes Tauler beschreibt das sehr schön in einer Predigt: »Allen Übungen der Frömmigkeit gibt erst die Liebe Wert und Würde ...« Auch für den Mönch und Friedensaktivisten Thomas Merton entdecken Menschen in der Kontemplation »das Geheimnis des Lebens in der *kreativen Energie der Liebe.*« Die so freigesetzte Energie sei letztlich ein »tiefgründiger Ausdruck der Freiheit.« Das wäre dann eine Freiheit, die nicht nur um sich selbst kreist. Ihr Blick wird frei für die anderen.[123]

In ähnlicher Weise gründet sich die buddhistische Ethik auf die umfassende Vorstellung allliebender Güte und des Mitleids mit allen lebenden Wesen. Im berühmten »Metta-Sutta« umschreibt der Buddha, was »allumfassende Liebe« meint: »Wie eine Mutter mit Gefahr ihres eigenen Lebens ihr eigenes Kind überwacht und schützt, so umfange man liebend mit einem grenzenlosen Geist alles Lebendige, so umfasse man liebend mit wohlwollender Güte, unbegrenzter Güte die ganze Welt.«

Oder im Kalama-Sutta: Befreit von Begierde, Hass und Verblendung durchdringt der Übende »die ganze Welt mit einem weiten, umfassenden, von Güte, Mitleid, Mitfreude oder Gleichmut erfüllten Geist.« Aus dieser Haltung entspringt der Wunsch: »Mögen alle Wesen glücklich, froh und sicher sein ...«[124]

Gewalt überwinden, Frieden stiften

Im 6. Jh. v. Chr. vollzieht sich in den Glaubensvorstellungen in Israel eine bemerkenswerte Entwicklung. Bittere Kriegs- und Vertreibungserfahrungen haben zu einem völlig neuen Gottesverständnis geführt. Jahwe ist für die Propheten nicht länger nur der Gott Israels, sondern der Gott aller Völker und Schöpfer der Welt. Und damit wird auch Krieg führen obsolet. Die Geburt eines universalen Monotheismus geht einher mit der Vorstellung vom friedlichen Zusammenleben aller Völker.

Eindrücklich ist die Friedensvision des Propheten Micha aus jener Zeit, fast wortgleich auch bei Jesaja zu finden: Gott wird »unter vielen Völkern richten und mächtige Nationen zurechtweisen in fernen Landen. Sie werden ihre Schwerter zu Pflugscharen machen und ihre Spieße zu Sicheln. Es wird kein Volk gegen das andere das Schwert erheben, und sie werden hinfort nicht mehr lernen Krieg zu führen« (Micha 4, 3).

In dieser Friedenstradition der Propheten steht auch Jesus. Seine Botschaft der Bergpredigt ist eindeutig: »Selig sind, die Frieden stiften, denn sie werden Gottes Söhne und Töchter heißen.« Flankiert wird diese Aufforderung von der anderen: »Liebt eure Feinde und bittet für die, die euch verfolgen, auf dass ihr Söhne und Töchter seid eures Vaters im Himmel.« Und in der Konsequenz dieser Sätze empfiehlt er nachdrücklich, sich in allen Situationen gewaltfrei zur Wehr zu setzen: »Wenn dich jemand auf deine rechte Backe schlägt, dem biete auch die andere dar« (Matthäus 5, 9. 39).

Das ist keine Einladung zur Feigheit und sich alles gefallen zu lassen. Man muss hier die Hände sortieren. Man kann nämlich nur mit dem Handrücken der rechten Hand auf die rechte Backe des anderen schlagen. Der durch diese Geste so Erniedrigte soll nicht zurückschlagen. Er soll vielmehr mit Stolz und Mut die andere Backe hinhalten, den Kreislauf der Gewalt unterbrechen und so den anderen zum Nachdenken bringen.

Entgegen dieser klaren Aufforderung Jesu zu Frieden und Gewaltlosigkeit hat die Institution Kirche in ihrer Geschichte immer wieder auf Machtausübung und Gewaltanwendung gesetzt. Kreuzzüge, Ketzerverfolgungen, Religionskriege, das Befürworten von Kriegen und das Segnen von Waffen sind davon beschämende Zeugnisse.

Doch es gab und gibt bis heute christliche Gemeinschaften, wie etwa die Quäker, die, inspiriert von der Friedensbotschaft Jesu, Kriegsdienst und Gewalt strikt ablehnen. Oder die katholische Gemeinschaft Sant'Egidio, die erfolgreich in Konflikten vermittelt und an zahlreichen Friedensverhandlungen erfolgreich beteiligt war. Eindrücklich auch, wie friedlich die Revolution in der ehemaligen DDR verlief mit Kerzen und Gebeten, lange vorbereitet durch die dortige Friedensbewegung mit dem biblischen Slogan »Schwerter zu Pflugscharen«.

Was die Haltung der Gewaltlosigkeit bewirken kann, das wurde beim Salzmarsch von Mahatma Gandhi und in der Bürgerrechtsbewegung der USA in besonders eindrücklicher Weise sichtbar. Für Martin Luther King waren die Bergpredigt Jesu und die Methode der Gewaltlosigkeit Gandhis die wesentlichen Quellen seiner Inspiration: »Christus gab Geist und Anstoß, Gandhi die Methode.«

Sein Verständnis von gewaltlosem Widerstand formulierte er 1958 so:

> »Gewaltloser Widerstand ist keine Methode für Feiglinge. Es wird Widerstand geleistet. Die Methode ist körperlich passiv, aber geistig stark aktiv. Gewaltloser Widerstand will den Gegner nicht vernichten oder demütigen, sondern sein Verständnis und seine Freundschaft gewinnen.«

1963 dann die eindrückliche Umsetzung im friedlichen Marsch auf Washington mit der berühmten Rede »I have a Dream«.[125]

Entschieden wendet sich King dann 1966 gegen den Vietnamkrieg, wozu sicherlich der vietnamesische Mönch und Friedensaktivist Thich Nhat Hanh wesentlich beigetragen hat. Dieser war in jenem Jahr in die USA gereist, um zur Beendigung des Vietnamkriegs aufzurufen und wurde dabei von Martin Luther King, Thomas Merton und einer interreligiösen Friedensorganisation unterstützt. Im Anschluss daran wurde ihm die Wiedereinreise nach Vietnam verweigert.

Die schrecklichen Kriegserfahrungen haben ihn dazu bewogen, das Konzept eines »engagierten Buddhismus« zu entwickeln und darin eine kontemplative Praxis mit sozialem Engagement und konkreter Friedensarbeit bis hin zu Formen zivilen Ungehorsams zu verbinden. Friedensarbeit beginnt für Thich Nhat Hanh mit der Arbeit an sich selbst, mit dem Einüben von Achtsamkeit und der Entwicklung von Mitgefühl: »Wenn wir nicht selbst innerlich friedvoll und gefestigt sind, werden unsere Bemühungen nichts fruchten.«[126]

Es ist schon erstaunlich, wie die Friedenspotentiale der Religionen auch noch im 20. Jh. ihre Kraft entfaltet haben. Für Mahatma

Gandhi war die Bergpredigt Jesu eine Quelle seiner Inspiration. Die andere Quelle war *ahimsa*, das Konzept der Gewaltlosigkeit, das tief in seiner Religion, dem Hinduismus, verwurzelt ist.

Auf zivilen Ungehorsam und Methoden des gewaltfreien Widerstands setzt heute auch die internationale gesellschaftspolitische Bewegung der »Extinction Rebellion« (XR), was übersetzt etwa heißt: »Aufstand gegen das Aussterben«. Sie organisiert sich dezentral in Ortsgruppen. Im Frühjahr 2019 hat XR in einer erfolgreichen friedlichen Aktion Brücken in London besetzt, damit die britische Regierung die Dringlichkeit des Handels erkennt und den Klimanotstand ausruft. Ihr Motiv: »Wir handeln aus Liebe zum Leben und für eine lebenswerte Zukunft aller Lebewesen auf diesem Planeten.«[127]

Auf Aggression und Gewalt im Reden und Tun zu verzichten braucht Übung. Es geht um eine grundsätzliche Haltung. Gewaltlosigkeit, sagt Gandhi, ist »kein Kleidungsstück, das man nach Belieben an- oder ausziehen kann. Sie wohnt im Herzen und ist ein untrennbarer Teil unserer Existenz.« »Geh und sprich liebevoll«, sagt Martin Luther King. »Enthalte dich der Gewalt in Tat, Sprache und Gedanken.«

Marshall Rosenberg hat vor diesem Hintergrund das Konzept »Gewaltfreie Kommunikation« entwickelt. Es ist nicht nur ein Trainingsprogramm für den eigenen Gebrauch. Es wird auch vielfach zur Schlichtung in politischen Konflikten wirkungsvoll eingesetzt.

Ein eindrückliches, schon fast wieder vergessenes Dokument ist das »Manifest 2000 für eine Kultur des Friedens und der Gewaltfreiheit« der UNESCO zugunsten der Kinder der Welt. Sie lädt alle Menschen ein, an ihrem Platz und mit ihren Möglichkeiten an der Transformation zu einer friedlichen, gerechten und solidarischen Welt mitzuarbeiten. Es wurde von Millionen von Menschen und von Regierungsvertreter*innen vieler Länder unterzeichnet. Die Idee ist: Je mehr Menschen sich selbst zu diesen Grundsätzen der Gewaltfreiheit verpflichten, umso friedlicher wird unsere Welt im Großen wie im Kleinen.

Manifest 2000 für eine Kultur des Friedens und der Gewaltlosigkeit

Im Bewusstsein meiner Verantwortung für die Zukunft der Menschheit und insbesondere für die Kinder von heute und morgen, verpflichte ich mich hiermit, in Alltag und Familie, Gemeinschaft und Arbeit, in meinem Land und meiner Region zur Einhaltung folgender Grundsätze:

1. *Achtung der Würde jedes Menschen:* Ich will ohne Unterschied und Vorurteil das Leben und die Würde jedes Menschen anerkennen.

2. *Gewaltfreie Konfliktbearbeitung:* Ich will Gewaltlosigkeit leben, indem ich selbst keine körperliche, sexuelle, seelische, wirtschaftliche oder soziale Gewalt anwende, insbesondere nicht gegenüber Schwächeren und Wehrlosen wie Kindern und Jugendlichen.

3. *Solidarität:* Ich will meine Zeit und meine Mittel großzügig mit anderen teilen, damit Ausgrenzung, Ungerechtigkeit sowie politische und wirtschaftliche Unterdrückung ein Ende finden.

4. *Zivilcourage und Dialogbereitschaft:* Ich will freie Meinungsäußerung und kulturelle Vielfalt verteidigen und grundsätzlich den Dialog und das Interesse am anderen gegen Fanatismus, Verleumdung und Ausgrenzung setzen.

5. *Nachhaltige Entwicklung:* Ich will mich für maßvolles Konsumieren und eine Entwicklung einsetzen, die allem Leben im Einklang mit der Natur auf unserem Planeten gerecht wird.

6. *Demokratische Beteiligung:* Ich will zur Entfaltung meiner Gemeinschaft, zur vollen Gleichberechtigung der Frauen und zur Anerkennung der demokratischen Werte beitragen, damit wir gemeinsam neue Formen der Solidarität schaffen können.[128]

Politische Perspektiven

Unser Engagement oder unsere Gleichgültigkeit hängen davon ab, wie wir uns selbst verstehen. Ob wir uns als Individuen sehen, nach dem Motto »Unterm Strich zähl ich«, oder als Bewohner eines Landes, das seinen Lebensstandard sichern will, oder ob wir uns als Weltbürger*innen verstehen, denen ein gutes Leben für alle ein Anliegen ist. Gerechtigkeit ist dafür eine elementare Voraussetzung.

Globale Gerechtigkeit in ökologischen Grenzen

Menschenrechte als Grundlage globaler Gerechtigkeit

Bis heute gilt in unserer abendländischen Tradition der Grundsatz, den der römische Jurist Ulpian formuliert hat: »Gerechtigkeit ist der feste und beständige Wille, jedem sein Recht zuzuteilen.« Welche Rechte stehen heute jedem Menschen zu?

Die Allgemeine Erklärung der Menschenrechte der UN von 1948 formuliert universale Rechte, die jedem Menschen als Menschen zustehen. »Alle Menschen sind frei und gleich an Würde und Rechten geboren« (Artikel 1). »Jeder hat als Mitglied der Gesellschaft das Recht auf soziale Sicherheit … und in den Genuss der wirtschaftlichen, sozialen und kulturellen Rechte zu gelangen, die für seine Würde und die freie Entwicklung seiner Persönlichkeit unentbehrlich sind« (Artikel 22). »Jeder hat das Recht auf Arbeit … und auf gerechte und befriedigende Entlohnung« (Artikel 23). Jeder hat »das Recht auf Bildung« (Artikel 26). Es ist eine lange Liste.

Diese Rechte sind Menschenrechte. Sie sind nicht verhandelbar. Der politischen Gerechtigkeit muss es deshalb im Kern um die Einhaltung und Zuteilung dieser fundamentalen Rechte gehen. Das Ziel von Gerechtigkeit ist nicht Gleichheit, analysiert die

Philosophin Angelika Krebs in *Arbeit und Liebe* treffend, etwa die
Gleichheit von Grundgütern oder Lebenschancen.

> »Die elementaren Standards der Gerechtigkeit garantieren menschen-
> würdige Lebensbedingungen für alle. Sie verlangen etwa, dass jeder
> Mensch Zugang zu Nahrung, Obdach und medizinischer Grundver-
> sorgung haben muss ... Sie verlangen, dass jeder Mensch sich in sei-
> ner Gesellschaft zugehörig, als ,einer von uns', fühlen können soll.
> Diese Standards geben absolute Schwellenwerte vor, die allerdings
> kulturspezifisch zu konkretisieren sind.«[129]

Sie kritisiert in diesem Zusammenhang John Rawls' *Eine The-
orie der Gerechtigkeit*. Für ihn seien soziale und wirtschaftliche
Ungleichheiten solange akzeptabel, als sie auch den am wenigsten
Begünstigten den größtmöglichen Vorteil bringen. Hier fehle es
an einer absoluten Grenze nach unten. Gerechtigkeit lässt sich für
Krebs nicht auf eine Vorteilslogik reduzieren.

In diesem Sinne argumentiert auch Amartya Sen, der Nobelpreisträger für Wirtschaftswissenschaften und Träger des Frie-
denspreises des Deutschen Buchhandels, in seinem Buch *Ökonomie für den Menschen. Wege zu Gerechtigkeit und Solidarität in der
Marktwirtschaft*. Wir brauchen keine komplizierten Formeln von
globalen Verteilungsschlüsseln. »Gerechtigkeitsvorstellungen haben ihre größte Bedeutung darin, dass auf diese Weise *offensichtli-
ches Unrecht* ausgemacht wird, worüber man sich rational verstän-
digen kann ...«

Das bedeutet zum Beispiel konkret: »Eine Gesellschaft, die
Hungersnöte zulässt, obwohl sie hätte[n] verhindert werden können, ist beispielsweise eindeutig ungerecht ...«[130] So hatte es auch
schon Theodor W. Adorno in seinen *Minima Moralia* in unnach-
ahmlicher Weise zum Ausdruck gebracht: »Zart wäre einzig das
Gröbste: dass keiner mehr hungern soll.«

Das »World Food Programme« (WFP) der UN, jetzt zurecht
mit dem Friedensnobelpreis ausgezeichnet, hat in einer Erklärung
vor dem UN-Sicherheitsrat schon im April 2020 davor gewarnt,
dass sich die Coronapandemie zu einer »Hungerpandemie« aus-

weiten könnte. Zu den jetzt schon über 800 Millionen Menschen, die jeden Tag hungrig zu Bett gehen, kämen weitere Millionen Menschen dazu. Wie kann dieses »offensichtliche Unrecht« von Hunger und Armut überwunden werden?

Amartya Sen versteht Armut nicht nur materiell. Armut ist für ihn in einem umfassenderen Sinn ein »Mangel an fundamentalen Verwirklichungschancen«. Deshalb verfolgt er zusammen mit Martha Nussbaum einen »Fähigkeitenansatz« (*capabilities-approach*). Das Ziel ist, die Lebensbedingungen armer Menschen so zu verbessern, dass sie in eigener Verantwortung ein selbstbestimmtes und menschenwürdiges Leben führen können. Die Verantwortung, dafür die Rahmenbedingungen zu schaffen, liegt zuerst bei den einzelnen Staaten, dann aber auch bei internationalen Institutionen und multinationalen Konzernen.[131]

Es gibt schon eine ganze Reihe von »Reallaboren«, in denen Menschen angebotene »Verwirklichungschancen« erfolgreich genutzt haben. Wolfgang Kessler verweist hier auf die erfolgreichen Modellprojekte mit einem Grundeinkommen in Dörfern in Kenia oder Namibia. In Otjivero in Namibia erhielten die Bewohner von 2008 bis 2011 monatlich zehn Euro. Geschäftliche Ideen nahmen rasant zu, ein lokaler Markt entstand und mit ihm ein erstaunliches Wachstum von unten.

In Kenia erhalten die Bewohner von Makanga seit 2016 monatlich 22 Euro, bargeldlos von der Hilfsorganisation GiveDirectly über Mobiltelefone ausbezahlt. Inzwischen wurde das erfolgreiche Modell auch auf andere Dörfer ausgeweitet. »Schenkt Menschen Vertrauen und ein Einkommen«, das wäre ein vielversprechender Weg, die Welt von Hunger und Armut zu befreien. Und, so Kessler, es wäre sogar einfach zu finanzieren: »Monatlich wächst das Vermögen der 1892 Milliardäre um knapp 80 Milliarden US-Dollar. Allein ein Viertel dieses Zuwachses würde genügen, um einer Milliarde Armer ein Grundeinkommen von 20 US-Dollar pro Monat zu bezahlen.«[132]

Ein anderes erprobtes Beispiel ist der Faire Handel. Er verschafft seit fünfzig Jahren Produzent*innen im Globalen Süden Zukunftsperspektiven. Durch garantierte Mindestpreise, Vorauszahlungen, langfristige Lieferverträge und Zusammenschlüsse in Kooperativen können sie sich eine eigene Existenz aufbauen. Konsumbewusste Kund*innen in Weltläden und inzwischen auch in Supermärkten sind bereit, für die fair gehandelten Produkte einen höheren Preis zu zahlen.

Neben dem Fairen Handel entstanden Mitte der 1970er-Jahre auch innovative solidarische Modelle im Finanzbereich. 1974 wurde vom anthroposophischen Denkansatz her die GLS Bank, die Gemeinschaftsbank für Leihen und Schenken, gegründet. Sie arbeitet als Genossenschaftsbank. Im Mittelpunkt steht der Mensch. Deshalb fördert sie soziale und ökologische (Gemeinschafts-)Projekte. Sie war die erste sozial-ökologische Bank der Welt.

Fast zeitgleich entstand auf Initiative des Ökumenischen Rats der Kirchen 1975 die Ökumenische Entwicklungsgenossenschaft Oikocredit. Sie vergibt Darlehen an Partnerorganisationen im Globalen Süden zu fairen Kreditbedingungen und mit unterstützender Beratung. Eigenständige Entwicklung zur Überwindung von Armut wird so nachhaltig gefördert. Den Anleger*innen aus den wohlhabenden Ländern ist die soziale Dividende wichtiger als die finanzielle.

Menschen aus Armut zu befreien und ihnen Möglichkeiten zu eröffnen, ihr Leben selbst zu gestalten, hat noch eine tiefere Bedeutung: Sie erhalten dadurch ihre Würde zurück. Bei Würde, sagt der Schweizer Philosoph Peter Bieri in *Eine Art zu leben. Über die Vielfalt menschlicher Würde*, geht es darum, selbst entscheiden zu können, nicht ausgeliefert zu sein, das Leben selbst in die Hand nehmen zu können. Hinter Würde steckt das Motiv, das Leben selbstbewusst in Achtung und Selbstachtung bestehen zu können. In diesem Sinne schützen Menschenrechte die Menschenwürde.

Fairer Ausgleich von Interessen

Der Münchner Philosoph Julian Nida-Rümelin hat den »Kern der moralischen Verantwortung« in der Fähigkeit gesehen, von den eigenen Interessen absehen zu können und zum gemeinsamen Handeln bereit zu sein. Mit dieser Grundeinstellung sei es möglich, in einem vernünftigen Dialog miteinander zu klären, was »das gemeinsame Gute« ist, und sich dann auch dafür einzusetzen.[133] Dies erfordert eine grundsätzliche Bereitschaft zu Dialog und Kooperation.

Noch steht dem ein weit verbreitetes politisches Handeln gegenüber, das von Misstrauen und Machtinteressen geprägt ist: Statt Kooperation militärische Konfrontation und ökonomische Konkurrenz, statt auf Ausgleich bedachte Kommunikation militärisches Wettrüsten und wirtschaftlicher Wettlauf. Die gute Nachricht ist, dass es auch immer wieder Anläufe zu gemeinsamen Anstrengungen gibt.

193 Nationen haben sich 2015 darüber verständigt, die Entwicklung der Welt gerechter und nachhaltiger zu gestalten. Dazu haben sie 17 Nachhaltigkeitsziele (*Sustainable Development Goals, SDG*) verabschiedet. Sie führen unterschiedliche Ausgangslagen und Interessen von Nationen zusammen unter dem einen Leitziel der Nachhaltigkeit und mit Blick auf ein gutes Leben für alle auf diesem Planeten. Dieser »Weltzukunftsvertrag« ist ein Kompass in eine gute Zukunft.

Das Interessante dabei ist, dass erkannt und vereinbart wurde: Den globalen Herausforderungen können wir nur gemeinsam begegnen. Und alle Nationen, arme und reiche, müssen dazu ihren je spezifischen Beitrag leisten. Nur so kann es zu einem globalen Ausgleich von Interessen kommen.

Die Bandbreite der Ziele ist groß: Hunger beenden; Armut in allen ihren Formen und überall beenden; Ernährungssicherheit, gesundes Leben und hochwertige Bildung fördern; Geschlechtergerechtigkeit erreichen; Wirtschaftswachstum; Ungleichheiten in und zwischen Ländern verringern; für nachhaltige Konsum- und

Produktionsmuster sorgen; Maßnahmen zur Bekämpfung des Klimawandels und seiner Auswirkungen ergreifen u. a.

Die Agenda 2030 ist ein ehrgeiziges Programm für eine global gerechtere und nachhaltigere Entwicklung. Alle Vertragsstaaten sollen Transformationspläne zur Erreichung der Nachhaltigkeitsziele erstellen. Die formulierten ökologischen Ziele in SDG 1–11 und die ökonomischen Ziele in 13–15 beinhalten allerdings einen schwerwiegenden Zielkonflikt.

Was heißt das konkret für die reichen Nationen? Welchen Beitrag können und sollen sie leisten, damit gutes Leben für alle innerhalb planetarischer Grenzen möglich wird und auch für kommende Generationen möglich bleibt? Auch Deutschland ist hier sozusagen ein »Entwicklungsland«.

Nehmen wir als Beispiel Artikel 12: »Für nachhaltige Produktions- und Konsummuster sorgen.« Konsummuster hier und Produktionsbedingungen dort haben etwas miteinander zu tun. Billige Kleidung müssen andere mit ausbeuterischen Arbeitsbedingungen, Hungerlöhnen und Umweltzerstörung bezahlen.

Die Verantwortung wird hier gern zwischen Konsumenten*innen, Unternehmen und Politik hin und her geschoben. Dabei ist klar, wer welche Einflussmöglichkeiten und damit welche Verantwortung hat. Konsument*innen können mit ihrem Nachfrageverhalten Einfluss nehmen. Die Unternehmen haben eine Gesamtverantwortung für ihre Lieferketten, der sie sich nicht entziehen können. Ihnen ist es möglich, die Qualität von Produkten und die Einhaltung von Lieferfristen zu kontrollieren, also können sie auch auf die Einhaltung von sozialen und ökologischen Standards achten.[134]

Dazu müsste die Politik die Rahmenbedingungen festlegen. Ein Lieferkettengesetz wäre ein wirksamer Hebel, um mit einem Streich gleich mehreren Nachhaltigkeitszielen näher zu kommen. Armut könnte überwunden werden, wenn mehr als Hungerlöhne bezahlt würden. Arbeitsrechte und Gesundheitsschutz müssten eingehalten werden. Faire Bezahlung würde ermöglichen, dass Kinder nicht mehr arbeiten müssen, sondern zur Schule gehen können. Und Unternehmen, die jetzt schon fair bezahlen und auf Gesundheits- und Umweltschutz Wert legen, wären nicht länger die Dummen. Gleiche Bedingungen für alle am Markt. Das wäre gerecht. Die Bundesregierung wird nun endlich einen Gesetzentwurf für ein Lieferkettengesetz vorlegen, auch die EU will ein solches Gesetz ausarbeiten.

Überhaupt könnte der Welthandel stärker daraufhin ausgerichtet werden. Das gegenwärtige System des Freihandels bevorzugt die, die am billigsten produzieren. Würde ein freier Welthandel nur für ökologisch und fair gehandelte Waren gelten und andere Produkte dagegen mit Zöllen belastet, dann hätten diejenigen einen Konkurrenzvorteil, die besonders fair, umweltfreundlich und transparent arbeiten.

In diesem Sinne plädiert Wolfgang Kessler für einen »öko-fairen Welthandel« und zeigt am Beispiel der Baumwollproduktion das darin enthaltene Veränderungspotential eindrücklich auf. Verantwortungsbewusstes Verbraucherverhalten würde so durch flankierende politische Rahmenbedingungen unterstützt. Das Angebot an fair gehandelten Waren ist inzwischen deutlich größer als die Nachfrage.[135]

Nehmen wir als anderes Beispiel den Klimaschutz. Die planetarischen Grenzen sind hier klar erkennbar. Die Erdatmosphäre kann nur in einem bestimmten Umfang Treibhausgase aufnehmen. Umgerechnet bedeutet das: Je Erdbewohner dürfen nur noch 1–2 t CO_2 in die Atmosphäre gelangen, wenn wir die Erderwärmung auf 2° C oder noch besser auf 1,5° C begrenzen wollen. Globale Gerechtigkeit verlangt hier, dass allen Menschen auf unserem Planeten das gleiche Budget an CO_2-Äquivalenten zusteht, nicht mehr.[136]

Während der Durchschnittswert in Afrika oder in Indien bei 1–2 t pro Person und Jahr liegt, verursachen Deutsche etwa 9–10 t CO_2-Äquivalente, von US-Amerikaner*innen ganz zu schweigen. Es muss also zu einem global gerechten Ausgleich kommen. Wer mehr zur Erderwärmung beiträgt, muss auch entsprechend mehr zum Klimaschutz beitragen.

Und das auch deshalb, weil gerade die besonders unter den Folgen des Klimawandels leiden, die am wenigsten dazu beigetragen haben. Siehe Dürreperioden in Afrika, Überschwemmungen in Bangladesch, Wirbelstürme in der Karibik. Der *Weltkatastrophenbericht* der Internationalen Rotkreuz- und Rothalbmond-Bewegung (IFRC) listet diese Ereignisse auf. In 2020 gab es 300 Naturkatastrophen, die zu drei Viertel mit Wetter und Klimawandel zusammenhängen.

Beim Ressourcenverbrauch sieht es nicht besser aus. Dieser liegt in Deutschland bei 30 t Materialverbrauch, weltweit noch tragbar wären gerade einmal 8 t pro Erdenbürger*in und Jahr. Es geht also nicht nur um Klimaschutz. Der Gesamtressourcenverbrauch wird heute als wichtiges Maß für die ökologische Gesamtbelastung angesehen.[137]

Gesellschaftliche und individuelle Lebensstile sind also nur zu verantworten, wenn sie verallgemeinerbar, das heißt »global übertragbar« sind. Dies beinhaltet nichts weniger als eine sukzessive weltweite Angleichung von CO_2-Budgets, ökologischen Fußabdrücken und Rucksäcken in Richtung auf einen verallgemeinerbaren Lebensstil in der Einen Welt.

Dabei muss nicht alles gleich sein. Aber die gegenwärtigen völlig ungleichen Verhältnisse sind nicht haltbar. Oder mit dem Entwicklungsexperten Franz Nuscheler umgekehrt formuliert: »Der heutige ‚Standard‘ kann nur solange aufrechterhalten werden, solange ihn die meisten nicht haben.« Es sind eindeutig die globalen Mittel- und Oberschichten, die den Großteil der globalen Umweltprobleme verursachen.[138]

Die Triebkräfte des Kapitalismus bändigen

Der Ausgleich von Interessen muss deshalb ein zentrales Ziel der internationalen Politik sein. Aber dieses Bemühen stößt auf widerstrebende Kräfte. Denn soziale Verwerfungen und die Spaltung in Arm und Reich von Menschen und Nationen sind Folge unseres Wirtschaftssystems:

»Der Kapitalismus ... ist ein Prozess, der keinen Stillstand kennt. Er ist niemals stabil, sondern schwankt zwischen Boom und Krise ... produziert immensen Wohlstand, aber gleichzeitig vergrößert er den Abstand zwischen Reich und Arm ... Geld entsteht aus dem Nichts, ist aber kein Nichts, sondern ein zentraler Machtfaktor, weil die Spekulation die Realwirtschaft aussaugt und erdrückt.«

Das Gefährliche dabei ist, so Ulrike Herrmann, dass der Mainstream der Wirtschaftswissenschaften diese Dynamik überhaupt nicht reflektiert. Er geht von einem idealen »freien Markt« aus. Dabei führt schon das Prinzip der Konkurrenz systemimmanent dazu, dass nur »wenige Giganten« überleben und am Ende »die Wirtschaft von den Großkonzernen und Finanzmärkten dominiert wird.«[139]

Bestes Beispiel dafür ist Blackrock. Der Vermögensverwalter hat mit seinen Billionen, die er gezielt in Unternehmen, Beratungsfirmen, Ratingagenturen und Börsen investiert, ein engmaschiges Geflecht aus verdeckten wechselseitigen Beteiligungen geschaffen, die ihm ein enormes Insiderwissen beschert.

Star des Konzerns ist sein Datenanalysesystem Aladdin, das 7.000 Großrechner zusammenschaltet, das mit Abstand größte in der Finanzbranche. Die gigantischen Datenmengen, die darin gesammelt und ausgewertet werden, haben Blackrock in diese Machtposition gebracht. Wer über interne Daten und Informationen von Banken, Unternehmen und politischen Entscheidungsprozessen verfügt, kann Trends und Entwicklungen frühzeitig vor allen anderen erkennen.

Auch andere Investoren, Unternehmen, Banken oder Datenkonzerne lassen bei Aladdin rechnen. »Über die Analyse- und Handelsplattform des Unternehmens fließen über 20 Billionen Dollar.« Das heißt: »Aladdin weiß, wohin Kapital auf unserem Globus fließt, und weiß auch, woher es kommt.«[140] Nur wir wissen es nicht so genau.

Jaron Lanier, ein Computerwissenschaftler, der die Welt von
Big Data durch seine Forschungsarbeiten und Beratertätigkeiten
von innen kennt, bringt es so auf den Punkt: Durch die überle-
gene Rechnerleistung ist es möglich, »die risikoärmste Option
für sich selbst zu wählen und die riskanteren den andern zu überlassen.«

»Egal welches neue Machtzentrum Sie genauer unter die Lupe
nehmen, Sie werden feststellen, dass ihm immer ein ›Sirenenserver‹
zugrunde liegt.« So bezeichnet er die gigantischen Rechenzentren
mit den leistungsstärksten Computernetzwerken, die im Hochfre-
quenzhandel, im Versicherungswesen, in Onlinestores oder mit
Blick auf Wahlbeeinflussung eingesetzt werden. Wer sie besitzt, er-
langt »Informationshoheit« in seinem Bereich. Selbstverständlich
wird hier geräuschlos und im Verborgenen gearbeitet.[141]

Die großen Kapitalorganisatoren, Private-Equity-Investoren
und Hedgefonds verfolgen dabei das erklärte Ziel: mit dem Geld
anderer Leute Geld zu machen. Das ist der Kern des Finanzkapitalismus. Und der treibt die Wirtschaft zu ständigem Wachstum an
und breitet sich in immer mehr Bereiche aus.

Wobei jetzt das Problem auftritt, dass für das viele Geld kaum
mehr rentable Anlagemöglichkeiten bestehen. Das verstärkt den
Wettbewerbsdruck und führt dazu, dass auf immer riskantere Finanzprodukte gesetzt wird. Wenn dann noch viele den Computer-
modellen von Aladdin blind vertrauen, kann in kritischen Phasen
ein Herdentrieb entstehen, der alle in eine Richtung lenkt und cha-
otische Zustände auslöst.

Eine der großen Gefahren geht deshalb von diesem ausufern-
den Finanzkapitalismus aus. Das »wuchernde« Gebilde der Schattenbanken ist »zur größten Bedrohung der Weltwirtschaftsordnung
geworden«. Sie müssen, so der Wirtschaftsjournalist Hans-Jürgen
Jakobs, wie die regulären Banken auch, streng reguliert werden.
Sonst ist die nächste Finanzkrise mit verheerenden Folgen absehbar. Sie operieren bisher im Verbogenen, entwickeln immer riskantere Finanzprodukte und helfen Reichen und Mächtigen dabei,

der Besteuerung zu entkommen, wo immer es geht. Auch sie selbst siedeln sich in Steueroasen an.

Die internationale Staatengemeinschaft ist deshalb gefordert, »der Globalisierung des Steuervermeidens eine Globalisierung der Steuerbescheide gegenüberzustellen. Oberster Grundsatz: Dort, wo Einkommen am Markt entsteht, wird besteuert.« Steuertricks müssen unterbunden, Steuerfluchtzentren enttarnt und Steueroasen geschlossen werden: »21 bis 32 Billionen Euro liegen derzeit auf Konten in Offshore-Zentren, meist gehalten über Briefkastenfirmen ...«[142]

Deshalb sind investigativer Journalismus und kritische Initiativen wie das Tax Justice Network, Oxfam oder die »Bürgerbewegung Finanzwende« so wichtig, um Licht in das Dunkel zu bringen und mit konkreten Verbesserungsvorschlägen Druck auf die Politik auszuüben.[143] »Die zunehmende Skepsis der Öffentlichkeit ist eine der größten Bedrohungen« für Blackrock & Co, die sich »bisher so geschickt unterm Radar halten konnten.«[144]

Die neuen Mächtigen dürfen sich ihrer Verantwortung nicht entziehen. Sie müssen selbst für Transparenz sorgen und auf eine Regulierung des undurchsichtig gewordenen Systems drängen. Verantwortung kann nur da sinnvoll wahrgenommen werden, wo Komplexität reduziert und Überschaubarkeit hergestellt wird. Einzelne von ihnen wie Warren Buffet sehen hier selbst den Handlungsbedarf. Aber letztlich ist die internationale und europäische Politik gefordert, diesen Bereich endlich zu regulieren und die Steuerhinterziehung zu unterbinden.

Wie handlungsfähig die Politik allerdings angesichts der Macht der Konzerne ist, wird sich zeigen müssen. Thilo Bode ist da skeptisch: »Es hat sich ein industriell-politischer Komplex herausgebildet, in dem Konzerne und Politik zum gegenseitigen Nutzen eine Zweckgemeinschaft bilden, die keine Entscheidungen mehr *gegen* Konzerne trifft.« Deshalb, so Bode mit seiner Greenpeace- und Verbraucherschutz-Erfahrung, brauchen wir »eine Gegenmacht in der Gesellschaft, die durch gewaltfreien Widerstand die Machtfrage stellt. Eine Chance besteht nur mit einer Gegenmacht über Parteigrenzen hinweg … An vielen Stellen formiert sich dieser Widerstand bereits.«

Ein zentraler Ansatzpunkt ist dabei für Bode, »mithilfe des Rechts und der Justiz bisher schädliche, aber legale Geschäftsmodelle illegal zu machen.« In vielen Ländern erzwingen Nichtregierungsorganisationen mit Protesten und Demonstrationen neue gesetzliche Regelungen oder verhindern wie beim Freihandelsabkommen TTIP schädliche Handelsabkommen.[145] Deshalb darf es auch nicht zu dem geplanten Handelsabkommen mit den Mercosur-Staaten kommen, solange Regenwälder rücksichtslos abgeholzt werden. Vieles muss regelrecht gegen Konzerninteressen erkämpft werden, wie das Ringen um ein Verbot von Pestiziden, die Festlegung von Grenzwerten oder ein Lieferkettengesetz zeigen.

Auf der Suche nach einem globalen Gleichgewicht

Zurückfinden zu einem menschlichen und natürlichen Maß

Ein solches Maß ist uns abhandengekommen. Da hat Nietzsche recht: »Das Maß ist uns fremd geworden, gestehen wir es uns.« Gut hundert Jahre nach Nietzsche ist es im Mainstream vollends aus dem Blick geraten. Die Wachstumseuphorie ist nahezu ungebrochen, Wirtschaftswachstum zum Mythos geworden.

Das Bruttoinlandsprodukts (BIP) soll ständig steigen. Dabei ist dieser Maßstab schon ziemlich daneben. Es addiert einfach alles, was rechnerisch in Euro erfasst wird. Es steigt also auch kräftig, wenn viele Kosten durch Straßenbau, Verkehrsunfälle oder Umweltschäden entstehen. Es erfasst umgekehrt nicht, was von Familien an Sorgearbeit für Kinder oder pflegebedürftige Angehörige erbracht wird. Auch der wichtige Beitrag ehrenamtlichen Engagements für den Zusammenhalt der Gesellschaft bleibt außen vor.

Kurzum: Das BIP führt in die Irre, es ist kein Maßstab für das gute Leben. Mit einem falschen Maßstab gehen wir aber ge-

sellschaftlich in die falsche Richtung. Andere Indizes sind entwickelt, aber noch nicht Maßstab und Leitlinie politischen Handelns
geworden. Verschiedene alternative Sets an Indikatoren wurden
erarbeitet. Zu nennen ist hier die »Messung von Wohlstand und
gesellschaftlichem Fortschritt«, entwickelt von den Wirtschaftswis-
senschaftlern Joseph Stiglitz, Amartya Sen und Jean-Paul Fitoussi.
Oder der »Index für menschliche Entwicklung«, den die Vereinten Nationen anwenden. Oder der »Nationale Wohlstandsindex«
(NWI) von Hans Diefenbacher u. a.

Es braucht aber noch ein weiteres Maß, um die Gesellschaft in
Balance zu halten: Ein Maß für Reichtum und eine Grenze für Armut. Wenn eine Handvoll Milliardär*innen so viel besitzt wie die
ärmere Hälfte der Menschheit, dann ist etwas gewaltig aus dem Lot
geraten. Wenn Macht und Einfluss der einen auf Wirtschaft und
Politik derart zunehmen, bleiben die anderen immer mehr außen
vor. Das ist nicht nur weltweit ein Problem.

Auch innerhalb nationaler Gesellschaften hat sich die soziale
Polarisierung zugespitzt und macht Gesellschaften instabil. Umgekehrt hat sich gezeigt, dass die wirtschaftlich erfolgreichsten Nationen diejenigen mit einem starken Mittelstand und einer tragenden
Mittelschicht sind. Das lässt sich am jeweiligen Gini-Koeffizienten
ablesen, einem Koeffizienten für soziale Ungleichheiten. Vergli-
chen wird hier der Unterschied zwischen Einkommen und Vermögen des obersten und des untersten Fünftels einer Gesellschaft.[146]

Gravierende Unterschiede in den Einkommen erzeugen Spannungen. Zwischen Managergehältern mit Boni und Löhnen von
Angestellten und Arbeiterinnen liegen oft Welten. Dies »verletzt das
elementare Gerechtigkeitsempfinden der Menschen und schafft ein
allgemeines Klima der Unzufriedenheit«, diagnostiziert Matthias
Binswanger in *Tretmühlen des Glücks*. Er erinnert dabei an John
Pierpont Morgan. Dieser legte schon Ende des 19. Jh. fest, dass der
bestbezahlte Manager seiner Bank nicht mehr als das 20-fache des
am schlechtesten bezahlten Angestellten verdienen dürfe.«[147] Heute
sind wir nicht selten beim 100-fachen oder mehr.

Was ist passiert, dass der moderne Mythos vom grenzenlosen Wachstum sich so in unseren Köpfen eingenistet hat? Es war und ist die neoliberale Marktideologie, die sich seit den 1970er-Jahren ausbreitet und verspricht: Wenn wir nur alles dem freien Spiel der Kräfte am Markt überlassen, stellen sich von selbst Wohlstand und Fortschritt ein. Doch die Realität sieht anders aus: Das freie Spiel der Kräfte bringt unentwegt Gewinner und Verlierer, unanständigen Reichtum und bittere Armut hervor. Und es unterliegt einem immanenten Wachstumszwang.

Damit jedoch alle genug zum Leben haben, muss es für die einen auch einmal genug sein. Unser Problem heute ist, dass die einst kulturell prägende Kategorie des Genug uns gründlich abhandengekommen ist. Das hat der französische Philosoph André Gorz sehr erhellend in seiner *Kritik der ökonomischen Vernunft* analysiert. Indem im aufkommenden Kapitalismus alles in Zahlen umgerechnet und bemessen wurde, gab es kein Kriterium mehr für ein »Genug« und auch nicht für ein »Zuviel«, also nichts, »das einem ermöglichte, sich zufrieden zu geben mit dem, was man hatte …«[148]

Wann ist es auch einmal genug? Was brauchen wir wirklich für ein gutes Leben? Diese Fragen werden seit einigen Jahren unter dem neuen Leitbild der Suffizienz (von lateinisch *sufficere*, »ausreichen«) diskutiert. Die verlorengegangene Kategorie des Genug erlebt hier eine kaum mehr für möglich gehaltene Renaissance. Gorz war einer der Vordenker der Degrowth-Bewegung, die die Wachstumseuphorie der Moderne infrage stellt.

Abrüsten statt aufrüsten

Die Bemühungen um eine weltweite Friedenssicherung haben bisher nur zu einem äußerst unsicheren und gefährlichen »Gleichgewicht des Schreckens« geführt. 15 Nobelpreisträger warnen eindringlich vor der zunehmenden Gefahr eines Atomkriegs. Ihre Einschätzung für 2018, veröffentlicht im »Bulletin of Atomic Scientists«: Es ist 2 vor 12! »Die Welt, die wir bewohnen, ist unsicher und beunruhigend. Wir sind dabei, eine gefährliche Welt zu normalisieren.« Das sei »grob fahrlässig«. Die größten Gefahren sehen sie im erneuten atomaren Wettlauf, im Klimawandel und der zunehmenden gesellschaftlichen Polarisierung.

Schon Albert Schweitzer hatte davor gewarnt, dass wir durch technisches oder menschliches Versagen »auf die blödeste Art in einen Atomkrieg hineinstolpern« könnten. Auch Michail Gorbatschow, der es als ehemaliger Präsident der russischen Atommacht wissen muss, weist in einem Aufruf auf diese oft nicht beachtete Gefahr hin.

Auch Hunderte von dokumentierten Unfällen bei Wartungen oder Transporten von atomaren Waffen hätten schon den Alptraum auslösen können, dann mit eigenen Waffen im eigenen Land. Eric Schlosser hat solche Fälle in seinem Buch *Command and Control* dokumentiert, die auch in der Arte-Doku »Damascus, USA« aufgegriffen wurden.

Die aufgeblähten Rüstungsetats verschlingen riesige Summen, die dringend für eine nachhaltige Entwicklung gebraucht werden. Die Rüstungsausgaben beliefen sich, so das Friedensforschungsinstitut SIPRI, in 2019 auf Sage und Schreibe 1,9 Billionen US-Dollar. Würde nur ein Teil für die Beseitigung von Hunger und Armut verwendet, wäre die Welt schon ein gutes Stück mehr im Gleichgewicht. Dafür setzt sich die neue Friedensinitiative »Abrüsten statt Aufrüsten« ein.

In ihrem »Frankfurter Appell« vom 11. Oktober 2020 wendet sie sich konkret gegen das Nato-Ziel, zwei Prozent des Bruttoinlandsprodukts für militärische Zwecke auszugeben:

>»Auf- und Hochrüstung ist keine Antwort auf die großen Herausforderungen unserer Zeit. Sie verschärft die Gefahr neuer Kriege und verschwendet wertvolle Ressourcen, die für eine friedliche Weltordnung dringend gebraucht werden – für den Klimaschutz, die Bekämpfung der Fluchtursachen, die Entwicklungszusammenarbeit und die Verwirklichung der Menschenrechte ... Wir fordern eine neue Friedens- und Entspannungspolitik, ein System gemeinsamer Sicherheit und kontrollierter Abrüstung.«[149]

Das Denkmuster der atomaren Abschreckung treibt die Rüstungs-
spirale weiter nach oben. Die Gefahr ist groß, dass die zunehmenden globalen Spannungen diese Dynamik noch verstärken. Höhere
Rüstungsausgaben würden zu weiteren wirtschaftlichen Belastungen führen, die Gesellschaften instabiler machen. Nur neue Denkweisen, die auf den Aufbau von Vertrauen setzen und Kooperation
fördern, können aus dieser Sackgasse herausführen. Dies ist ein
weiter Weg wie auch die vielen Stellvertreterkriege zeigen, die unerbittlich geführt werden. Hier wird mit allen Mitteln um Macht
und Einflusssphären gekämpft mit verheerenden Folgen für die
Menschen.

Flucht, Vertreibung, Migration

Wie in einem Brennglas werden hier die Probleme unserer Zeit
sichtbar. »Wir beobachten eine veränderte Realität. Vertreibung
betrifft aktuell nicht nur viel mehr Menschen, sondern sie ist auch
kein kurzfristiges, vorübergehendes Phänomen mehr«, so der
Flüchtlingshochkommissar Fillipo Grandi. 80 Millionen Menschen
sind auf der Flucht, darunter 45 Millionen Binnenvertriebene,
4 Millionen Asylsuchende. Eine der Hauptursachen sind anhaltende Konflikte wie in Syrien, Afghanistan, Jemen oder dem Südsu-
dan, verschärft durch Waffenexporte in diese und andere Kriegs-
und Konfliktregionen.

Hunger, Armut, Unterdrückung und Verfolgung aus ethni-
schen oder religiösen Gründen sind weitere Auslöser für Flucht
und Vertreibung. Und eine Ursache könnte künftig die häufigste
sein: der Klimawandel. Die Weltbank rechnet bis zum Jahr 2050
mit bis zu 140 Millionen Klimaflüchtlingen. Sie fliehen vor Dürre,
Überflutungen oder dem Steigen des Meeresspiegels, die ihnen ihre
Lebensgrundlage entziehen.

Fluchtursachen bekämpfen gehört zu den geflügelten Worten
der Politik. Deutschland und die EU könnten den Worten Taten
folgen lassen: Waffenexporte in Krisengebiete konsequent stoppen,
die Praxis unfairer Handelsverträge beenden, die Entwicklungszu-

sammenarbeit vorausschauend gestalten und andere Länder in ihrem Kampf gegen die Folgen des Klimawandels unterstützen.

Die EU jedoch setzt auf Abschottung und Abschreckung um jeden Preis, eine kurzsichtige und verfehlte Politik. In Moria und anderen Flüchtlingslagern der EU müssen Kinder und Erwachsene unter menschenunwürdigen Bedingungen leben. Im Mittelmeer lässt man sie einfach ertrinken. Heribert Prantl, Kolumnist und Autor der Süddeutschen Zeitung, hat in Hinblick auf diese Politik von einem »Lockdown der Menschlichkeit« gesprochen. Die Evangelische Kirche in Deutschland hat hier mit der Initiative für ein weiteres Rettungsschiff ein Zeichen gesetzt.

Anscheinend fehlt es den Verantwortlichen der EU an der Bereitschaft, sich ernsthaft in die Lage von Flüchtenden zu versetzen. Dies hat der Bürgermeister von Palermo, Leoluca Orlanda, in eindrücklicher Weise getan:

> »Wir müssen deutlich machen, dass Migration Teil der Geschichte von uns allen ist. In jeder Familie gibt es Auswanderer, Vertriebene oder Flüchtlinge, in allen Jahrhunderten, aus wirtschaftlichen, religiösen oder politischen Gründen. In Palermo haben wir den Grundsatz: 'Io sono Persona'. Ich bin Mensch, jeder ist Mensch, zusammen sind wir eine Gemeinschaft. Das ist unser Lebensstil und unsere Kultur geworden.«

Oft heißt es: »Wir können doch nicht alle aufnehmen.« Natürlich nicht. Man darf Gesellschaften nicht überfordern. Aber es ist viel mehr möglich, wenn eine grundsätzliche Bereitschaft vorhanden ist, verbunden mit guten Konzepten zur Integration. Auf der anderen Seite müssen EU und Weltgemeinschaft alles dafür tun, dass Menschen in ihren Heimatländern eine Zukunftsperspektive haben.

Mitgefühl und Mitmenschlichkeit dürfen nicht auf der Strecke bleiben. Und eigentlich ist es schon ein Gebot der Vernunft, die Ungleichheiten nicht zu groß werden zu lassen. Sonst fallen sie auf einen zurück. Die 2018 verabschiedeten Vereinbarungen der Vereinten Nationen »Globaler Pakt für eine sichere, reguläre und geordnete Migration« und »Globaler Pakt für Flüchtlinge« sind erste bedeutsame Schritte, um die Welt im Gleichgewicht zu halten. Sie sind zwar rechtlich unverbindlich, setzen aber wegweisende Standards für die internationale Zusammenarbeit.

Fortschritt ohne Maß und Ziel

Der Philosoph Karl Löwith stellte 1928 in einem Aufsatz über »Das Verhängnis des Fortschritts« die beunruhigende Frage: »Gibt es für uns noch eine Instanz, die den an sich maßlosen Fortschritt begrenzen könnte, oder ist es unaufhaltsam, dass der Mensch alles machen wird, was er machen kann? Gibt es noch ein Maß für die Freiheit zu allem wie zu nichts?«

Günter Anders, »praktizierender Philosoph« und Mitinitiator der Anti-Atom-Bewegung in den 1950er-Jahren, hat das Problem so formuliert: »Wir können die Steine weiter werfen, als wir sehen können.« Der frühere Versuch, die Folgen einer neuen Technik zuerst abzuschätzen, bevor sie eingeführt wird, musste wieder aufgegeben werden. Die Entwicklungen rollten immer schneller weiter, heute jagt eine Innovation die andere.

Dies führt zu einer nicht koordinierten Entwicklung, durch die sich globale Risiken quasi als »Nebenfolgen« anhäufen. Gefahren werden »systemimmanent erzeugt«, sind aber zugleich »systemimmanent nicht zurechenbar«, weil sie zu »Risiken kleingerechnet« und als »Restrisiken« der industriell-technologischen Entwicklung »rechtlich und wissenschaftlich normalisiert« werden. Der Soziologe Ulrich Beck hat deshalb mit Blick auf Großtechnologien wie Atomkraft oder Humangenetik zugespitzt von einem »System der organisierten Unverantwortlichkeit« gesprochen, in dem systemisch gefährliche »Verantwortungslücken« entstehen.[150]

Was könnte diese Dynamik eines ungebremsten Fortschritts begrenzen? Im Augenblick weiß darauf wohl niemand eine Antwort. Gibt es noch ein »Maß für die Freiheit zu allem wie zu nichts?« Eine poetische Antwort gibt darauf Rainer Maria Rilke in einem Gedicht zu Weihnachten: »Das ist der alte Menschheitstraum, als

Auftrag stetig aufgegeben: Dass wir die Ehrfurcht vor dem Leben als Maß begreifen über Zeit und Raum.« Um zu einem natürlichen und menschlichen Maß zurückzufinden, braucht es wohl eine solche tiefer liegende Orientierung.

Zukunft erkämpfen mit Herz und Hirn

Die Krisen unserer Zeit irritieren und verunsichern. Bisherige Vorstellungen und Überzeugungen geraten ins Schlingern. Aber damit eröffnen sie die Möglichkeit, »etwas bisher nicht Gesehenes sehen, etwas bisher nicht Verstandenes verstehen« zu können. So hatte es der Hirnforscher Gerald Hüther ausgedrückt. Sie sind eine Chance. Ergreifen wir sie.

Worauf es ankommt

Entscheidend ist die Einstellung

Wie die Kurve kriegen? haben wir gefragt. Die Antwort war: Erst innehalten, dann handeln. Aus der hektischen Betriebsamkeit unserer Tage aussteigen, Gedanken und Gefühle sortieren, sich innerlich sammeln. Das Bewusstsein wachhalten, dass wir Teil eines größeren Ganzen und mit allem Lebendigen verbunden sind.

Wenn so zum Hirn auch noch das Herz hinzukommt, dann wird ein »Gutes Leben für alle« ein »Herzensanliegen« für uns. Dieses schöne Wort drückt aus: Der Wille zum Handeln entsteht nicht im Kopf, sondern im Herzen. Schon sprachlich hängen Herz und Mut zusammen. Im Französischen kommt dies gut zum Ausdruck: *Courage*, »Mut«, ist abgeleitet von *coeur*, »Herz«. Es ist das Herz, das Energien freisetzt und das Hirn auf Trab bringt. So können wir »beherzt« an die Arbeit gehen. Darauf wird es wohl ankommen, wenn sich Widerstände auftun.

Eine Fähigkeit wird besonders gefragt sein. Sie hat den Namen »Ambiguitätstoleranz«, was so viel bedeutet wie »mit Spannungen und Widersprüchen umgehen und leben können«. Es gibt Widersprüche, die sich nicht auflösen lassen. Das erzeugt innere Spannungen, die schnell entmutigen können. Man muss gut damit umgehen und sie aushalten. Das ist eine Kunst, die einem manches abverlangt.

Viele wollen anders leben und verantwortlich konsumieren. Aber das geht nicht immer, weil wir selbst Teil des Systems sind und ihm nicht so leicht entkommen können. Doch wir können das uns Mögliche tun. Wenn auf diese Weise unser Leben stimmiger wird, dann verringern sich auch die Widersprüche, mit denen wir vorerst noch zurechtkommen müssen.

Oder wie soll man die Folgen des Klimawandels und Artensterbens beschreiben? Wenn man sie allzu realistisch beschreibt, gibt es Abwehrreaktionen. Beschreibt man sie allzu vorsichtig, ändert sich wenig. Dramatisieren hilft nicht, beschönigen aber auch nicht. In diesem Spannungsfeld muss je nach Anlass und Adressat*innen die richtige motivierende Mischung immer neu gefunden werden.

Ein weiteres Dilemma: Was bringt es, wenn wir uns bemühen, den Ausstoß von Klimagasen zu verringern und anderswo Wälder brennen und ein Bolsonaro den Regenwald rücksichtslos abholzen lässt? Manchmal scheint es aussichtslos, das 1,5-Grad-Ziel noch zu erreichen. Und doch lohnt es, sich dafür mit aller Kraft einzusetzen.

Können wir noch darauf hoffen, dass wir rechtzeitig die Kurve kriegen? Für mich ist ein Zitat von Vaclav Havel, dem früheren Regimekritiker und späteren tschechischen Staatspräsidenten, sehr hilfreich:

»Das Maß der Hoffnung ist nicht die Überzeugung, dass etwas gut ausgeht, sondern die Gewissheit, dass etwas Sinn hat ohne Rücksicht darauf, wie es ausgeht. Und diese Hoffnung vor allem ist es, die uns die Kraft gibt zu leben und es immer wieder aufs Neue zu versuchen, sind die Bedingungen äußerlich auch noch so hoffnungslos.«

Dorothee Sölle, die in Friedens- und Umweltfragen engagierte Theologin, hat in ihrem Gedicht *Hunger nach Sinn* sehr persönlich ausgedrückt, was sie motiviert: »Ich werde manchmal gefragt, warum ich denn ,immer noch' für Gerechtigkeit, Friede und die gute Schöpfung eintrete. ,Immer noch? frage ich zurück, wir fangen doch gerade erst an, aus der Verbundenheit mit dem Leben heraus, zu kämpfen, zu lachen, zu weinen ... und Gott – nicht oben und nicht später, sondern jetzt und hier. Bei uns, in uns.«

In eindrücklicher Weise hat Dorothee Sölle immer wieder spirituelles Leben und politisches Handeln in Verbindung gebracht und den tieferen Zusammenhang beider freigelegt. Aus der Verbundenheit mit dem Leben für das Leben eintreten und kämpfen: »Den Luxus der Hoffnungslosigkeit können wir uns nicht leisten,« sagt sie. Andere, die um ihr Recht oder ihr Überleben kämpfen müssen, können es auch nicht.

Wer sich gesellschaftspolitisch engagiert, braucht Ausdauer, Hartnäckigkeit und Geduld. Widerstände warten an allen Ecken. Es braucht darüber hinaus einen klaren ethischen Kompass in Verbindung mit klugen Strategien und kreativen Lösungen.

In der Auseinandersetzung mit den »Wölfen« der Welt hat Jesus von Nazareth seinen Jüngern einst empfohlen: »Seid klug wie die Schlangen, aber ohne Falschheit wie die Tauben« (Matthäus 10, 16). Eine überraschende Kombination, allerdings auch eine anspruchsvolle. In Zeiten, wo populistische Parolen, Fake News und Verschwörungsmythen Hochkonjunktur haben, brauchen wir diese Haltung besonders.

Bürgerinnen und Bürger sind gefragt

Lassen wir uns nicht länger auf die Rolle als Konsument*innen reduzieren. Verstehen wir uns vielmehr als Bürger*innen, die mit »Bürgersinn« und »Bürgerstolz« Verantwortung übernehmen. Und die sich dabei als Weltbürger*innen verstehen, die »global denken und lokal handeln«. In diesem Sinne würden wir mit Max Frisch »Demokratie als Einmischung in die eigenen Angelegenheiten« begreifen. Ergreifen wir also die Einflussmöglichkeiten in unseren beruflichen und gesellschaftlichen Rollen.

»Politik«, so hat es Erhard Eppler einmal formuliert, »lebt von der Frage, wie wir leben wollen.« Und das ist eine Frage, die uns alle angeht. Nur ist der Dialog in der Gesellschaft über die Fragen der

Zukunft schwieriger geworden. Populismus und Rechtsextremismus setzen unserer Demokratie zu. Staatliche Institutionen werden ins Lächerliche gezogen, Fake News und Verschwörungsmythen säen Zweifel und Misstrauen, untergraben Verlässlichkeit. So wird unser demokratisches System systematisch von innen her bedroht. Denn es lebt vom Vertrauen der Menschen.

Als Bürger*innen sind wir gefordert, dem entschieden entgegenzutreten. Wie schnell die Aushöhlung einer Demokratie erfolgen kann, sehen wir in vielen Ländern. Eine Ursache für den Vertrauensverlust in die Demokratie liegt auch in der polarisierenden Globalisierung und dem Gefühl, dass die Welt aus den Fugen geraten ist. Nicht wenige fühlen sich im Stich gelassen und haben Angst vor sozialem Abstieg. Insofern ist zivilgesellschaftliches Engagement für eine gerechtere und nachhaltige Entwicklung auch ein wesentlicher Beitrag, das Vertrauen der Menschen in Demokratie und Rechtsstaatlichkeit zurückzugewinnen.

Miteinander sprechen und politisch streiten

Der Medienwissenschaftler Bernhard Pörksen und der Kommunikationspsychologe Friedemann Schulz von Thun reflektieren die damit verbundenen Herausforderungen in *Die Kunst des Miteinander-Redens. Über den Dialog in Gesellschaft und Politik*. Eine Demokratie lebt vom miteinander Sprechen und Streiten. Das macht ihre Vitalität aus.

Deshalb ist es »unbedingt geboten, mit Andersdenkenden zu sprechen, allerdings nicht immer und unter allen Umständen.« Ja, wir können ernsthafte Gespräche auch mit alten und neuen Rechten führen. Wir sollten ihnen aber keine öffentliche Bühne zur Verbreitung ihres Gedankenguts bieten und mediale Aufwertungen vermeiden.

Die politische Meinungsbildung braucht die Auseinandersetzung, das Ringen um die besten Lösungen. Diese können sachlich kontrovers diskutiert werden, ohne persönliche Verunglimpfung und Abwertung, in gegenseitigem Respekt. Eine solche »Kunst des Miteinander-Redens« ist »kein Luxus, sondern ein Überlebensthema« für eine demokratische Gesellschaft.[151]

Dies gilt besonders, wenn es um die Zukunft der Gesellschaft und unseres Planeten geht. Hier kann die Größe der Aufgabe schnell entmutigen. Es geht ja um nichts weniger als eine »Große Transformation« und eine »radikale Umkehr«, eine grundlegende Änderung unserer westlichen Art zu leben und zu wirtschaften.

Dass es hier auch unter Gleichgesinnten schnell zu heftig geführten Auseinandersetzungen kommen kann, zeigt der Fall Franzen. Der amerikanische Bestsellerautor Jonathan Franzen hatte in einem Essay 2019 dazu aufgefordert: »Gestehen wir uns ein, dass wir die Klimakatastrophe nicht verhindern können.« Das 2-Grad-Ziel sei nicht mehr zu erreichen. Wir machen uns etwas vor, wenn wir glauben, wir haben noch zehn Jahre Zeit, um »die Welt zu retten«. Stattdessen sollten wir vielmehr die »Folgen der Klimakatastrophe« in den Blick nehmen und Vorsorge treffen gegen Brände, Dürre und Überschwemmungen.

Der Essay hat unter Klimaengagierten zu Stürmen der Entrüstung geführt. Franzen würde der Klimabewegung in den Rücken fallen. Dabei war dies gar nicht seine Absicht. Er leugnet ja nicht den Klimawandel. »Jedes halbe Grad lohnt«, schreibt er. Er bezweifelt nur, dass die Begrenzung der Erderwärmung auf 2 Grad noch zu erreichen sei. Theoretisch sei dies zwar aus Sicht der Wissenschaft noch möglich, aber politisch und praktisch nicht. Dies zeige eine nüchterne politische Analyse der vergangenen dreißig Jahre, wo sich fast nichts getan hat.

Diese Auseinandersetzung ist ein Lehrstück in Kommunikation. Franzen trieb die Sorge um, dass neben dem Klimawandel alle anderen Umweltthemen, vor allem das Artensterben, aus dem Blick geraten. Deshalb formulierte er seine These zugespitzt und provozierend. Seine Kritiker*innen hörten nur die Provokation und nahmen den Leidensdruck dahinter nicht wahr. Hier zeigt sich, wie wichtig es ist, auf der einen Seite seine Worte sorgfältig zu wählen, und auf der anderen Seite achtsam zuzuhören. Dann können Gemeinsamkeiten entdeckt und unterschiedliche Akzentuierungen sachlich diskutiert werden.

Das Herz der Menschen gewinnen

Bernhard Pörksen stellt bei der weiteren Analyse der Diskussionslandschaft fest, wie sehr heute »das Vokabular der Resignation« und »Narrative des Niedergangs« die öffentlichen Debatten bestimmen. »Man fürchtet das Ende von Respekt und Rationalität in einer Welt der Hassattacken und der bizarren Verschwörungstheorien ... Die Stimmungsbücher der Stunde tragen Titel wie *Der Zerfall der Demokratie* ...«[152] Und in der Tat treibt viele Menschen die Sorge um den Zusammenhalt der Gesellschaft um. Umso wichtiger ist es, dieser Verunsicherung und gedrückten Stimmung etwas entgegenzusetzen.

Für die Philosophin Martha Nussbaum kommt es deshalb darauf an, »den Schalter von der Angst auf die Hoffnung umzulegen«. In *Königreich der Angst* analysiert sie am Beispiel der USA, wie sehr sich eine Angst vor der Zukunft unter den Menschen ausgebreitet hat. Aber Angst »ist ein Gefühl, das die Demokratie mehr als jedes andere bedroht ... Sie ist durch politische Rhetorik sehr leicht manipulierbar und neigt dazu, Verhältnisse, in denen es um Vertrauen und Gegenseitigkeit geht ... zu destabilisieren.« An Trump war das zu sehen. Hoffnung zu vermitteln ist deshalb politisch äußerst bedeutsam. Sie ist die Gegenkraft zur Angst.[153]

Politische Prinzipien, davon ist sie überzeugt, brauchen eine »emotionale Unterfütterung«. Charismatische Führungspersönlichkeiten wie Mahatma Gandhi oder Martin Luther King haben erkannt, dass es darauf ankommt, »die Herzen der Bürger anzusprechen und starke Gefühle für die gemeinsamen Aufgaben zu wecken.« Gesellschaften brauchen nicht nur »sachbezogene Rationalität« wie gute Informatik und Technologie. Sie brauchen auch »das Herz«, »die täglichen Emotionen, das Mitgefühl, das Weinen und Lachen« oder »das Staunen«. Kunst, Musik und Religion können hier in besonderer Weise die Ebene der Gefühle ansprechen. Sie können »fantasievolle Bilder der Zukunft« entwerfen. So entstehen Visionen einer besseren Welt, die »dem Handeln Kraft verleiht«. Dann gehen Hoffen und Handeln Hand in Hand.[154]

Die großen Veränderungen gehen nicht von heute auf morgen. Sie werden Zeit brauchen. Doch die »Metamorphose der Welt«, so Ulrich Beck, ist schon in vollem Gang. Sie vollzieht sich wesentlich von unten durch Menschen und Initiativen, die alternative Modelle entwickeln und politischen Druck aufbauen.

Visionäre Wege in eine gute Zukunft

Rein in die Arenen des Wandels

In *Die Große Transformation. Eine Einführung in die Kunst gesellschaftlichen Wandels* beschreibt Uwe Schneidewind, Präsident des renommierten Wuppertal Instituts für Klima, Umwelt, Energie, sieben »Arenen« des Wandels: Wohlstands- und Konsumwende, Energiewende, Ressourcenwende, Mobilitätswende, Ernährungswende, Urbane Wende, Industrielle Wende. Für alle Bereiche liegen umsetzbare und oft schon erprobte Vorschläge vor. Die »Nachhaltigen Entwicklungsziele« (SDGs) der Vereinten Nationen können aus seiner Sicht dabei als »Kompass für eine nachhaltige Welt« dienen.

Zur Umsetzung, so Schneidewind, braucht es auch die »Zivilgesellschaft als Taktgeber der Großen Transformation«. Gesucht sind »Pioniere als Motoren«, die den Wandel vorantreiben, damit Politik, Wirtschaft und Wissenschaft ihre Verantwortung wahrnehmen und entsprechend handeln.

Überzeugend an diesem Ansatz ist, dass er zentrale Handlungsbereiche und konkrete Handlungsmöglichkeiten aufzeigt. Dabei werden technologische und soziale Innovationen kombiniert und die jeweiligen Verantwortlichkeiten der Akteur*innen in Wissenschaft, Wirtschaft, Politik und Zivilgesellschaft benannt. Sie werden eingebunden in das Leitbild einer »Transformation in geteilter Verantwortung«.[155]

Ulrich Brand und Markus Wissen merken jedoch kritisch an, dass bei den Debatten um die »Große Transformation« die realen Machtverhältnisse oft nicht genügend thematisiert werden. Es reiche nicht, die Eliten von der Notwendigkeit grundlegender Veränderungen »überzeugen« zu wollen, man muss sich ggf. auch mit ihnen »anlegen«, darf Konflikte und Auseinandersetzungen nicht scheuen.[156]

Das Wuppertal Institut hat im Auftrag von Fridays for Future Deutschland mit finanzieller Unterstützung der GLS Bank nun auch eine Studie »Wie Deutschland bis 2035 CO_2-neutral werden kann« erstellt und im Oktober 2020 vorgestellt. Das Ergebnis: «Ein klimaneutrales Energiesystem bis 2035 ist zwar sehr ambitioniert, aber grundsätzlich machbar, sofern alle aus heutiger Sicht möglichen Strategien gebündelt werden.« Die Studie weist ausdrücklich darauf hin, dass der »Transformationspfad gerecht ausgestaltet und soziale Aspekte berücksichtigt werden müssen.«[157]

Deutschland hat hier eine Vorbildfunktion. Denn viele aufstrebende Länder und ihre Eliten sind von unserem westlichen Wohlstandsmodell fasziniert. Die weltumspannende Werbeindustrie und unzählige Filme und Serien einer schönen Wohlstandswelt flimmern in deren Wohnzimmer und Hütten. So werden unsere Konsummuster in alle Welt exportiert. Die Folgen dieses Lebensstils werden allerdings ausgeblendet.

Diese weltweite Fehlsteuerung lässt sich nur umkehren, wenn wir selbst in den reichen Nationen anfangen, nachhaltige Produktions- und Konsummuster zu entwickeln. Die technologischen und finanziellen Mittel dafür haben wir. Das muss dann allerdings auch attraktiv daherkommen: So geht gesünder, zufriedener. So geht gutes Leben, *buen vivir*.

Dem Wachstumszwang entkommen

Die »Degrowth-Bewegung« und Ansätze einer »Postwachstumsökonomie« beflügeln schon lange das Nachdenken über eine andere Art des Wirtschaftens. Es ist das Verdienst von Niko Paech und
anderen, die Problematik des Wachstumszwangs ins Zentrum der
Diskussion gerückt zu haben und die Frage aufzuwerfen, wie wir
diesem Zwang entkommen können.

Paech setzt dabei auf »Suffizienz als Antithese zur modernen
Wachstumsorientierung«. Für ihn ist das »Reformprojekt einer
nachhaltigen Entwicklung ... spektakulär gescheitert«, weil es nur
zu »symbolischen Ersatzhandlungen« geführt habe, Ressourcenverbrauch und Umweltzerstörung jedoch unvermindert weitergehen. Stattdessen braucht es als neues Leitbild »Suffizienz«, eine
Form der »Genügsamkeit«, die konsequent auf »Reduktion, Selbstbegrenzung und Entsagung – als Gegenpol zum expansiven Mo-
dernisierungswahn« setzt.

Dabei auf die Politik zu hoffen, sei reine »Zeitverschwendung«.
Sie sei »handlungsunfähig«, weil es für eine radikale Reduktion von
materiellen Ansprüchen »keine Wählermehrheit« gibt.

Das würde sich erst ändern, wenn eine genügend große Anzahl
von Menschen eine andere Art zu leben und zu wirtschaften ein-
fordern. Deshalb kann Suffizienz »nur aus subkulturellen Praktiken
hervorgehen und von Individuen und Gruppen verbreitet werden.«
Es braucht einen »Aufstand der konkret Handelnden und sich Ver-
weigernden, die mit offen praktizierter Selbstbegrenzung die Gesellschaft herausfordern.«[158]

Viele Ansätze einer Postwachstumsökonomie setzen wie Paech
darauf, dass sich aus Nischen heraus neue Formen der Produktion
und des Konsums entwickeln und nach und nach zu regionalen
Versorgungsstrukturen, Tauschringen und gemeinsamer Nutzung
von Gütern führen. Wie dieser Übergang sich jedoch vollziehen
soll, bleibt offen. Es ist eine Botschaft an die globalen Ober- und
Mittelschichten, die weniger Konsumieren als »Befreiung vom

Überfluss« erleben können. Menschen, die von Armut und Ausgrenzung betroffen sind, wird diese Botschaft kaum erreichen.

Niko Paech bringt sich auch zu sehr in eine Gegenposition zu den Bemühungen um ökologische Erneuerungen, die er als »symbolische Ersatzhandlungen« abtut. Statt allgemein von Postwachstum zu sprechen, müsste präziser von »selektivem Wachstum« gesprochen und genauer beschrieben werden, was wachsen und was schrumpfen soll, so Erhard Eppler in einem Streitgespräch mit Paech.[159]

Diese Unterscheidung ist insbesondere auch im Blick auf Länder des Globalen Südens wichtig. Schrumpfen soll weltweit, was die Umwelt zerstört. Wachsen soll dagegen, was Klima und Artenvielfalt schützt und den Raubbau der Ressourcen beendet. Unterm Strich muss eine Entlastung für unseren Planeten und seine Ökosysteme herauskommen.

Es ist richtig, dass wir in unserer Wohlstandsgesellschaft unsere materiellen Ansprüche deutlich zurückfahren und unseren individuellen und gesellschaftlichen Lebensstil verschlanken müssen. »Grünes Wachstum« ist eine tückische Illusion, wenn wir ansonsten weitermachen wie bisher. Hier hält Niko Paech zu Recht einer selbstzufriedenen Wohlstandsgesellschaft den Spiegel vor.

Aber genauso wichtig ist, auf die handelnden Akteur*innen in Wirtschaft und Politik Druck auszuüben und strukturelle Veränderungen einzufordern. Das wird nicht ohne Konflikte gehen, wenn alte Geschäftsmodelle infrage gestellt werden. Auch privilegierte Schichten werden nicht ohne Weiteres Annehmlichkeiten in Konsum und Lebensstil aufgeben wollen. Der »Pfadwechsel in eine reduktive Moderne« mit weniger Energie- und Materialverbrauch wird mit »sozialen Auf- und Abstiegsprozessen« verbunden sein, so Harald Welzer und Bernd Sommer.[160]

Paech appelliert in erster Linie an die Verantwortung des Einzelnen. Indem er aber pauschal von einem »Technik- und Politikversagen« ausgeht und beide für unfähig hält, entlässt er diese aus ihrer Verantwortung. Die Politik hätte bei vielen Themen schon eine Mehrheit der Bevölkerung hinter sich: beim Schließen von Steuerschlupflöchern und Steueroasen, bei Pestiziden, Tierhaltung, Luftreinhaltung oder Tempo 130. Sie setzt aber nur wenig davon durch, weil mächtige Interessen dem entgegenstehen und sie selbst mit ihnen verbandelt ist.

Den Kapitalismus verändern

Ulrike Herrmann kritisiert deshalb an den Ansätzen einer »Postwachstumsgesellschaft«, dass keine gangbare Brücke von einer wachstumsgetriebenen Wirtschaft zu einer Postwachstumsökonomie aufgezeigt wird. Man müsste schon den »Bremsweg« in etwa beschreiben, der verhindert, dass der Kapitalismus gegen die Wand fährt. »Es fehlt nicht an einer Vision, sondern am Weg dorthin.« Denn der Zwang zum Wachstum treibt und stabilisiert dieses System zugleich. »Es ist das Dilemma: Ohne Wachstum geht es nicht, komplett grünes Wachstum gibt es nicht, und normales Wachstum bedeutet eine Öko-Katastrophe ... Wir produzieren immer mehr, weil der Kapitalismus Wachstum benötigt und ohne Wachstum kollabiert.«[161]

An diesem Punkt setzt Wolfgang Kessler an. Wie ist es möglich, den Kapitalismus so zu verändern, dass es zu keinem unkontrollierten Zusammenbruch des ganzen Systems mit katastrophalen Auswirkungen für Mensch und Natur kommt? Aus seiner Analyse der Triebkräfte und Machtstrukturen im globalen Kapitalismus leitet Kessler fünf Alternativen ab, die das System Schritt für Schritt in eine nachhaltige Entwicklung transformieren könnten. Das Überzeugende daran ist, dass es ein systemischer Denkansatz ist, der heute schon mögliche strategische Weichenstellungen aufzeigt.

Die »Megafonds« der Schattenbanken müssen »vollständig den Vorschriften und Aufsichtspflichten der Banken unterworfen werden, auch die Eigenkapitalquote der Banken muss deutlich erhöht werden.« Um das Spekulationskarussell zu verlangsamen ist endlich eine »Umsatzsteuer auf alle Finanzgeschäfte« einzuführen, die als Forderung nach einer »Finanztransaktionssteuer« schon seit Jahren hin und her diskutiert wird. Auf alles gibt es eine Umsatzsteuer, nur nicht auf Finanzprodukte.

Eine »Abkehr von der neoliberalen Privatisierungspolitik« wäre ein weiterer Schritt. Das heißt die Grundversorgung mit Wasser, Strom oder öffentlichem Verkehr, die Pflege und das Gesundheitswesen »dem kapitalistischen Renditedenken« zu entziehen und wieder zur öffentlichen Aufgabe zu machen. So würden Politik und Gesellschaft wieder Handlungs- und Gestaltungsspielräume zurückgewinnen. Auch der Aufbau einer öffentlichen digitalen Infrastruktur wäre ein entscheidendes Moment, um die Macht von Google, Facebook und Co. zu brechen.

Ein »sozial gerechtes Grundeinkommen« könnte »als Teil einer Steuerreform« entwickelt werden, zielgenauer und eher zu finanzieren als ein bedingungsloses Grundeinkommen. Die Steuerlast würde einfach mit dem Grundeinkommen verrechnet. So könnten ganz unbürokratisch soziale Absicherung und gesellschaftlicher Ausgleich erreicht werden.

Die im Blick auf Klimaschutz und Ressourcenverbrauch notwendigen Verteuerungen könnten durch eine »Umweltdividende« sozial abgefedert werden. Alle Bürger*innen und Unternehmen erhalten diese in gleicher Höhe aus den zusätzlichen Klimaabgaben.[162]

Solche und ähnliche schon länger diskutierte Vorschläge schaffen den Kapitalismus nicht ab. Sie sind jedoch der Versuch, einem chaotischen Zusammenbruch des Systems vorzubeugen, seine Dynamik zu verlangsamen und Ansatzpunkte zur Transformation des Systems zu finden. Ob dies gelingen kann? Das ist eine offene Frage.

Keine Frage aber ist, dass die Vorschläge Klima und Umwelt schützen und unsere Gesellschaft gerechter gestalten. Sie würden den Zusammenhalt der Gesellschaft fördern und unsere gefährdete Demokratie stärken. Die Macht des Kapitals würde ein Stück weit gebrochen, die Politik die Rahmenbedingungen und Zielsetzungen des Wirtschaftens wieder deutlicher bestimmen.

Eine Reihe jetzt schon umsetzbarer politischer Vorschläge zur
Reform des Finanzsektors und Wirtschaftssystems oder zur Mes-
sung des Wohlergehens statt des BIP findet sich auch in dem schon
erwähnten Bericht an den Club of Rome zum 50-jährigen Beste-
hen. Mit vielen erprobten »Erfolgsgeschichten« zu regenerativen
Energien, der Reduktion von Treibhausgasen oder Modellen einer
Kreislaufwirtschaft werden die Leser*innen auf »eine spannende
Reise zur Nachhaltigkeit« mitgenommen.[163]

Bauen mit Legosteinen

Eine gewisse Leichtigkeit ist bei schwerwiegenden Problemen nicht
verkehrt. Darauf setzt Harald Welzer. Auch wenn die große Lösung
noch nicht zu erkennen ist, so kommen doch viele konstruktive
Schritte in den Blick, die jede und jeder schon gehen kann, und die
wir als Gesellschaft gemeinsam gehen können. »Statt großer Revolutionen braucht es, sagen wir: modulare Revolutionen, die man
miteinander kombinieren kann – wenn sie tatsächlich einen Fortschritt gebracht haben – und die man aufgibt, wenn sie sich als irrig
erwiesen haben. So investiert man … Wunschenergien in konkret
Erreichbares, nicht in geträumte Universen, die einen immer nur
verzweifeln lassen, wie groß die utopische Aufgabe ist.«[164]

In *Alles könnte anders sein* bastelt der Soziologe spielerisch
mit siebzehn »Legosteinen« an einer »Gesellschaftsutopie für freie
Menschen«. Diese Legosteine sind konkrete Ideen, mit denen wir
kreativ an der Welt von morgen bauen können. Sie sind schon da,
das ist das Schöne. Sie sind noch kein fertiger Bausatz, aber man
kann sie jetzt schon anwenden, flexibel einsetzen und neu kombinieren.

Welzer setzt dabei vor allem auf Veränderungen in Einstellungen und Haltungen, um das kreative Potential des Zwischen-
menschlichen zur Entfaltung zu bringen. Es geht z. B. um die
Einübung von Solidarität und eine Orientierung am Gemeinwohl,
die zu einer anderen Art des Wirtschaftens und Zusammenlebens
führen.

Da führen Unternehmen eine »Gemeinwohlbilanz« ein. Atemluft, Atmosphäre, Meere und Böden werden zu »Commons«, zu Gemeingütern. Genossenschaftliche Modelle treten einen Siegeszug an. Funktionierende Institutionen sorgen für Sicherheit und Recht, ein internationaler Umweltgerichtshof wäre eine wünschenswerte und wesentliche Ergänzung. Menschen erobern die öffentlichen Räume der Städte zurück und machen sie mit weniger oder ganz ohne private Autos wieder lebenswert. Ein bedingungsloses Grundeinkommen ermöglicht Menschen eine freie und selbstbestimmte Lebensgestaltung ohne Existenzangst. »Mit diesen Steinen können Sie bauen!«[165]

Der Charme von diesem Ansatz ist, dass Welzer keine Moralkeule schwingt, sondern auf Fantasie und Kreativität setzt. Verantwortung ist dann Lust und nicht nur Last. Denn Verantwortung braucht nicht nur moralische Kompetenz, sondern auch kommunikative und kooperative Kompetenz, praktische Klugheit, Zielstrebigkeit und nicht zuletzt Willenskraft und Ausdauer. Ihr besonderes Können besteht darin, über den Horizont hinauszuschauen und nach neuartigen Antworten auf die drängenden Herausforderungen zu suchen.[166]

Eine solidarische Lebensweise ist möglich und machbar

»Das derzeitige Leben und Wirtschaften ... scheint normal und alternativlos.« Ist es aber nicht. Es gibt schon erprobte Wege von »der imperialen Lebensweise« zu einer »solidarischen Lebensweise«. Solche heute schon zahlreich »gelebten Alternativen« werden in einem Sammelband, herausgegeben vom I.L.A. Kollektiv, aufgezeigt.[167]

Sie lassen ein motivierendes »Mosaik des Guten Lebens für Alle entstehen: vielfältig, gerecht, enkeltauglich«. Ihr Merkmal ist ein neues »solidarisches Sorgen«. Diese Alternativen brauchen jedoch flankierende politische Strategien mit starken »Allianzen für die Transformation«. Denn es geht auch darum, »Widerstand zu organisieren« und »politische und wirtschaftliche Institutionen zu verändern«.

Aus einem solchen »Austausch über Visionen des Guten Lebens für Alle und über Strategien der Transformation entstehen Erzählungen über die Wege in eine Gesellschaft, in der soziale Gerechtigkeit, kulturelle Anerkennung und ökologische Nachhaltigkeit global verwirklicht werden.«[168]

Mit vier E's in die Zukunft

Wenn es kompliziert wird, dann helfen Faustregeln. Wolfgang Sachs hat solche 1993 formuliert. So geht Zukunft: »Entrümpelung – Entschleunigung – Entflechtung – Entkommerzialisierung«. Eine persönliche und gesellschaftliche Denksportaufgabe, die es zu lösen gilt. Zum Beispiel so:

Entrümpelung: Weniger ist mehr. Einfacher und übersichtlicher leben. Mitteleuropäer besitzen im Durchschnitt 10.000 Gegenstände. Vieles brauchen wir nicht wirklich. Also Konsum reduzieren, Gegenstände gemeinsam nutzen.

Entschleunigung: Langsamer leben. Raus aus dem Hamsterrad, Ruhe ins Spiel bringen. Öfters offline gehen, Dinge genießen. Politikbetrieb verlangsamen und auf das Wesentliche konzentrieren, Entscheidungen reifen lassen. Langlebige Produkte kaufen, reparieren statt wegwerfen.

Entkommerzialisierung: Das Soziale nicht länger dem Markt überlassen. Privatisierungen der Grundversorgung rückgängig machen (Energie, Wasser, Gesundheit, Bildung). Die Daseinsvorsorge wieder kommunal und staatlich vorhalten. Dinge selber machen, neue Fähigkeiten entwickeln.

Entflechtung: Globale Abhängigkeiten reduzieren, resiliente lokale Strukturen aufbauen. Heimische Landwirtschaft unterstützen. Lokale Bündnisse schließen, gemeinsam etwas bewegen in Energiegenossenschaften, Umweltgruppen, Mobilitätsinitiativen.

Mit vier E's in die Zukunft. Kann man sich gut merken und daran weiterdenken. Sachs nennt sie »Merkposten für einen maßvollen Wirtschaftsstil«.[169]

Neu denken, anders handeln

Die visionären Wege in eine gute Zukunft haben eines gezeigt: Wir müssen »die Denke«, die vorherrschende Denkweise in Politik und Gesellschaft grundlegend ändern. »Man kann die Probleme nicht mit der derselben Denkweise lösen, durch die sie entstanden sind. Man muss die Welt mit neuen Augen sehen.« So hat es einst Albert Einstein auf den Punkt gebracht. Und so könnte das aussehen:

Rückkehr zum Primat der Politik. Die Politik gewinnt wieder die Handlungshoheit gegenüber der Wirtschaft, vor allem den Finanzmärkten. Dazu erfährt sie eine breite gesellschaftliche Unterstützung. Politische Leitlinie ist nicht mehr materielles Wachstum, sondern das Wohlergehen der Menschen. Die neoliberale Denkweise hat ausgedient. Sie verschwindet aus den Köpfen und den Hörsälen der Wirtschaftswissenschaften. Die Marktgläubigkeit verliert ihre Anziehungskraft.

Gemeinwohlorientierung statt Gewinnmaximierung. Die Koordinaten des Wirtschaftens verschieben sich von Gewinnstreben und Konkurrenz auf Gemeinwohlstreben und Kooperation. Wer sich sozialer, ökologischer, demokratischer, solidarischer verhält, genießt einen Wettbewerbsvorteil. Die Idee einer Gemeinwohl-Ökonomie setzt sich durch.[170]

Kooperation statt Konfrontation. Eine kopernikanische Wende im politischen Denken setzt ein. Der Kampf um geopolitische Einflusssphären und militärische Überlegenheit weicht einer vernünftigen Verständigung über unterschiedliche Interessen. Der ruinöse Wettlauf um Wettbewerbs- und Standortvorteile wird durch internationale soziale und ökologische Standards ausgebremst.

Es wird weitsichtig und langfristig gedacht. Das kurzsichtige Denken in Wahlperioden und Quartalsberichten ist überwunden. Der Wettlauf um die schnellste Meldung und die höchste Einschaltquote kommt zum Erliegen. Die Lebensbedingungen künftiger Generationen werden zum Herzensanliegen vieler Menschen, die ihre Rolle in der Geschichte des Lebens und unseres Planeten gefunden haben. Sie sehen die Welt mit neuen Augen.[171]

Hoffen und Handeln

Hoffnung verträgt keine Halbherzigkeit. Sie drängt zum Handeln. Wo sich Menschen zusammentun, entfaltet die Hoffnung ihre volle Kraft.

Oft ist zu hören: Was kann ich schon tun? Erste Antwort: Natürlich nichts, wenn jeder so fragt. Zweite Antwort: Mehr als du denkst. Dritte Antwort: »Sei du selbst die Veränderung, die du dir wünschst für diese Welt«. Das wäre die Antwort Gandhis.

Der Effekt ist ein doppelter: Wer sich engagiert, lebt stimmiger und erlebt, dass er oder sie etwas bewirken kann. Und zusammen mit anderen geht noch mehr. Gemeinsam sind wir stark. Dieses Motto hat sich schon vielfach bewährt.

Weltweites Engagement

Deshalb stimmt es hoffnungsvoll, wie viele soziale Bewegungen sich weltweit für Demokratie und Menschenrechte, den Schutz des Klimas oder der Artenvielfalt einsetzen. Oxfam lenkt immer wieder den Blick auf den Skandal des Hungers und der Ungleichheit in der Welt. Amnesty International deckt seit sechzig Jahren Menschenrechtsverletzungen, insbesondere Gewalt und Folter in Gefängnissen, auf und startet dazu Brief- und Unterschriftenaktionen.

Nicht zu vergessen sind die vielen Organisationen wie Ärzte ohne Grenzen, die unentwegt humanitäre Hilfe leisten und bei Naturkatastrophen, in Kriegsgebieten oder Flüchtlingslagern im Einsatz sind. Brot für die Welt, Misereor und andere Hilfswerke, die von vielen Spenderinnen und Spendern getragen werden, leisten seit Jahrzehnten kontinuierlich »Hilfe zur Selbsthilfe«. Partnerschaften von Kommunen, Kirchengemeinden und Initiativen bewirken im Kleinen viel und bringen Menschen rund um den Globus zusammen.

Ein eindrucksvolles Beispiel im Umweltbereich ist die Grüngürtel-Bewegung (*Green Belt Movement*), die Millionen von Bäumen in Kenia gepflanzt hat. Wangari Maathai hat dafür und für ihr Engagement für Frauen 2004 den Friedensnobelpreis erhalten. Diese Idee hat auch die Kinder- und Jugendinitiative von Felix Finkbeiner »Plant-for-the-Planet« erfolgreich aufgegriffen. Rettet den Regenwald e.V. alarmiert die Öffentlichkeit und startet Petitionen, wenn Regenwälder für Palmölplantagen, Minen oder Sojaanbau gerodet werden. Und Greenpeace hat sich mit spektakulären Aktionen schon lange einen Namen gemacht. Vielfältig engagieren sich Menschen in allen Teilen der Welt und ermuntern dazu, sich selbst einzureihen.

Hoffnungsvoll stimmt auch, wie viel Solidarität gelebt wird: Solidarität in genossenschaftlichen Initiativen, zwischen Verbraucher*innen und Landwirt*innen, zwischen Nachbar*innen in Zeiten von Corona; oder weltweite Solidarität im Fairen Handel, bei Naturkatastrophen oder mit Geflüchteten. Papst Franziskus hat seine neue Enzyklika *Fratelli tutti* ganz diesem Thema gewidmet und die Bedeutung der »Geschwisterlichkeit« und der »sozialen Freundschaft« für das Zusammenleben in der Einen Welt herausgestellt.

Diesen Gedanken nimmt er in seinem Buch *Wage zu träumen* nochmals auf. Er erinnert an das Potential der Menschen am Rande. In ihnen sieht er eine große »Ressource für den Wandel«. Er hat selbst viele Sozial- und Volksbewegungen in Südamerika kennengelernt und ihr großes Engagement erlebt. Solche lokalen Akteur*innen wie die *Cartoneros* in Argentinien schaffen »aus ihrer Kultur heraus ... Netzwerke der Zugehörigkeit und der Solidarität«. Sie stellen kraftvolle »Bande der Gemeinschaft und Geschwisterlichkeit« her. Gemeinsam kämpfen sie um Zugang zu Land, Wohnraum und Arbeit, um die »drei t«: *tierra, techo, trabajo*.[172]

Das gemeinsame Handeln ist dabei ein Schlüssel. Wo Menschen sich zusammentun und miteinander für ein Ziel einsetzen, kommt etwas in Bewegung. Es entsteht ein Resonanzraum, in dem sich ihre Hoffnungen, ihre Ausdauer und Widerstandskraft wechselseitig verstärken. So motivierte Friedrich Wilhelm Raiffeisen einst die Genossenschaftsbewegung mit dem Motto »Einer für alle, alle für einen«. Und Martin Luther King inspirierte die Bürgerrechtsbewegung mit seiner Vision »Ich habe einen Traum«.

Die Kraft der Hoffnung

Gemeinsames Handeln speist sich aus gemeinsamer Hoffnung. Doch diese wird in unseren Zeiten stark strapaziert. Denn die Krisen häufen sich, haben globale Ausmaße angenommen und verstärken sich wechselseitig. Woher die Hoffnung nehmen?

Was wäre zum Beispiel, wenn wir die Erderwärmung nicht mehr auf 2 Grad begrenzen könnten, wovon Jonathan Franzen überzeugt ist. Der Klimaforscher Mojib Latif gesteht ein, dass die Fakten für Franzen sprechen. »Es sträubt sich aber alles in mir, mich Franzens Hauptthese anzuschließen ... Und solange es nicht erwiesen ist, dass wir für die Klimarettung keine Option mehr haben, möchte ich die Hoffnung nicht aufgeben, dass die Menschheit doch noch die Kurve kriegt.«[173] Deshalb darf das 2-Grad-Ziel nicht aufgegeben werden. Die Folgen wären sonst katastrophal.

Und wenn es doch so käme, wäre dann alles Kämpfen umsonst? Nein, sagt Jonathan Franzen in jenem Essay: »Tun wir weiter das Richtige für den Planeten, ja, aber versuchen wir auch zu retten, was uns speziell am Herzen liegt – eine Gemeinschaft, eine Institution, ein Stück Natur, eine bedrohte Tierart –, und schöpfen wir Kraft aus unseren kleinen Erfolgen ... Solange wir etwas haben, das wir lieben, haben wir auch etwas, worauf wir hoffen können.«[174]

Das ist eine überraschende Verknüpfung: Hoffnung lebt von der Liebe zu Mitmenschen und Mitgeschöpfen. Liebe als Verbündete der Hoffnung. Das ist eine Verknüpfung, die in der christlichen Tradition schon vom Apostel Paulus hergestellt wurde und seither viele beflügelt hat: »Leben wir mit Vertrauen, Hoffnung und Liebe, diesen drei Kräften. Und die größte von ihnen ist die Liebe« (1. Korinther 13,13).

Die Liebe setzt kreative Energien frei. Sie nährt die Hoffnung, auch wenn sich Rückschläge einstellen und Erfolge hinter den Erwartungen zurückbleiben. Die Hoffnung darf sich dabei nicht daran klammern, dass ein Ziel tatsächlich erreicht wird. Sonst bricht sie schnell in sich zusammen. Nicht der Erfolg ist es, an dem sich die Hoffnung messen soll, sondern »ob etwas Sinn macht«. So hat es Vaclac Havel auf den Punkt gebracht.

Der Theologe und Widerstandskämpfer Dietrich Bonhoeffer hat in fast aussichtsloser Situation unter der Nazidiktatur auf diese Kraft der Hoffnung gesetzt:

»Optimismus ist seinem Wesen nach keine Ansicht über die gegenwärtige Situation, sondern er ist eine Lebenskraft, eine Kraft der Hoffnung, wo andere resignieren, eine Kraft den Kopf hochzuhalten, wenn alles fehlzuschlagen scheint, eine Kraft Rückschläge zu ertragen, eine Kraft, die die Zukunft niemals dem Gegner lässt, sondern sie für sich selbst in Anspruch nimmt ... den Optimismus als Willen zur Zukunft soll niemand verächtlich machen, auch wenn er hundertmal irrt; er ist die Gesundheit des Lebens«.

Diese Hoffnung, so Bonhoeffer, macht Mut. Sie übernimmt »Verantwortung für das Weiterleben, für den neuen Aufbau, für die kommenden Geschlechter. Mag sein, dass der Jüngste Tag morgen anbricht, dann wollen wir gern die Arbeit für eine bessere Zukunft aus der Hand legen, vorher aber nicht.«[175]

Albert Schweitzer hat das ähnlich empfunden:

»Hoffen ist Kraft. Es ist so viel Energie in der Welt, als Hoffnung drin ist, und wenn nur ein paar Menschen miteinander hoffen, dann wirkt um sie eine Kraft, die nichts niederhalten kann, sondern die sich ausdehnt auf die andern.«

Und er fügte nüchtern hinzu: »Auf die Frage, ob ich pessimistisch oder optimistisch sei, antworte ich, dass mein Erkennen pessimistisch und mein Wollen und Hoffen optimistisch ist.«

Schweitzer war nicht blauäugig. Er hat die beiden Weltkriege erlebt und leidenschaftlich gegen die atomare Aufrüstung seine Stimme erhoben. Aber er setzte darauf, dass sich die Gesinnung der Humanität und einer »Ehrfurcht vor dem Leben« durchsetzen werde. Damit stelle sich unserer Zeit die Aufgabe, eine »Ethik der Liebe zu allem Leben« zu entwickeln.[176]

Es lohnt sich, dieser Spur Albert Schweitzers zu folgen: »Aus Liebe zu allem Leben« für das Leben eintreten. Aus einer tiefen Verbundenheit mit dem Leben die lebensfreundlichen Bedingungen auf unserem Planeten erhalten. Eine solche Spiritualität motiviert zum persönlichen und politischen Engagement und verleiht ihm einen langen Atem.

Dank

Mein Dank gilt Freundinnen und Freunden, mit denen ich seit vielen Jahren unterwegs bin. Sich mit ihnen auszutauschen über Gott und die Welt, nachzudenken über unsere Art zu leben und zu wirtschaften und neue Wege zu erkunden, ist immer wieder inspirierend. Solche Freundschaften sind ein Resonanzraum, in dem Einsichten heranreifen, Ideen entwickelt und Hoffnungen bestärkt werden.

Dann waren da viele Menschen in Kirchengemeinden, Umweltgruppen und Bürgerinitiativen. Es war bei aller Ernsthaftigkeit in der Sache einfach schön, sich mit ihnen zusammen für eine gerechtere Welt und eine nachhaltige Entwicklung zu engagieren. Gelebte Spiritualität fand hier ihren Raum, für mich persönlich auch noch in Klöstern oder auf Kirchentagen.

Eine prägende Zeit waren für mich die Jahre des Engagements für die Ökumenische Entwicklungsgenossenschaft Oikocredit. Vieles war hier Ende der 1970er Jahre Neuland. Es war ein spannendes ökonomisches Lernfeld. Den Mitstreiterinnen und Weggefährten in den Förderkreisen habe ich viel zu verdanken. Mein Blick auf die Welt hat sich dadurch nachhaltig verändert und ich habe erfahren, dass Menschen, die von einer Idee begeistert sind, gemeinsam viel bewegen können.

Nun zur Entstehung des Buches selbst. Hier danke ich zuerst und sehr herzlich meiner Frau Cornelia Eberle. Der Austausch über die Jahre hat meine Sicht auf das Leben und die Herausforderungen unserer Zeit wesentlich mitgeprägt und ist, ohne es genau sagen zu können, in die Entstehung des Buches eingeflossen. Benennen kann ich allerdings ganz konkret, dass sie das Manuskript aufmerksam gelesen und hilfreiche Rückmeldungen dazu gegeben hat.

Besonders danken möchte ich auch Wolfgang Kessler, der im Entstehungsprozess wertvolle Anregungen zur Konzeption des Buches gegeben und mich darin bestärkt hat, das Manuskript weiter auszuarbeiten. Ein extra Dank geht deshalb an ihn für diese Ermutigung und seine Bereitschaft, ein Vorwort zu schreiben.

Und dann schließt sich der Kreis. Er mündet in den Dank an den oekom verlag, der diese Veröffentlichung möglich gemacht hat. Hier möchte ich Clemens Herrmann und Maike Hofma vom Fachbuch Lektorat für die gute Zusammenarbeit danken, sowie allen anderen Mitarbeiter*innen, die das Buch mitgestaltet haben.

Anmerkungen

1   https://www.youtube.com/watch?v=4UfpkRFPIJk

2   Hüther 2017, S. 30–31.

3   https://www.oxfam.de/system/files/documents/oxfam_
factsheet_ungleichheitsvirus_deutsch.pdf

4   Rahmstorf, Schellnhuber 2019, S. 127.

5   WBGU 2011.

6   Schneidewind 2018, S. 23–31.

7   Beck 2017, S. 15–25.

8   Roth 2003, S. 291, 525–526.

9   Welzer 2016, S. 57–66.

10   Hüther 2017, S. 44, 59.

11   Roth 2003, S. 527–528.

12   Hüther 2018, S. 116–117.

13   Latif 2020, S. 24, 134–138; Rahmstorf, Schellnhuber 2019, S. 81–82.
Inzwischen hat die Erdölindustrie ihre Taktik geändert, so der amerikanische Klimatologe Michael E. Mann. Sie leugnet den Klimawandel
nicht länger, torpediert aber alle Erfolg versprechenden Maßnahmen
zum Klimaschutz wie eine höhere CO_2-Bepreisung.

14   Kessler 2019, S. 32–44.

15   Jakobs 2016, S. 11–15.

16   Schneidewind 2018, S. 155–166.

17   Brand, Wissen 2017, S. 43–51.

18   Kessler 2019, S. 10, 16, 31.

19   Bertelmann, Heidel, S. 17–52.

20   https://erdcharta.de/die-erd-charta/der-text/

21   Banzhaf 2017, S. 149–167; weitere Beiträge zur aktuellen
Diskussion um Verantwortung in: Heidbrink et al. 2017.

22   Habermas 2008, S. 30–31, 97–98.

23   Inspirierende Beiträge dazu finden sich in dem von oekom e.V.,
Misereor und Brot für die Welt herausgegebenen Sammelband

Religion & Spiritualität. Ressourcen für die Große Transformation? Einen ähnlichen Ansatz verfolgt auch Brück 2020, S. 37–38.

24 Dalai Lama 2014, S. 9–10, 242; 2015, S. 6. Dies war auch der Ausgangspunkt für das Projekt Weltethos des katholischen Theologen Hans Küng.

25 Dalai Lama 2017, S. 34.

26 Küng 2002, S. 172-190.

27 Weizsäcker, Wijkman 2017, S. 34–38, 131–132.

28 Schneidewind 2018, S. 314–320.

29 Stierle 2016, S. 26–33.

30 Welzer 2019, S. 69.

31 Inspirierend ist hier auch das Konzept des Buen Vivir der indigenen Völker im Andenraum und Amazonasgebiet.

32 Auf einem anderen Blatt steht die Rückwärtsgewandtheit und Reformunfähigkeit der katholischen Kirche in Hinblick auf den Zölibat, den Zugang von Frauen zu Ämtern oder die Verweigerung der Segnung gleichgeschlechtlicher Paare.

33 Rahmstorf, Schellnhuber, S. 124.

34 Die in Klammern angeführten Nummern geben die zitierten Abschnitte in der Enzyklika an.

35 Pörksen, von Thun 2020, S. 28–31.

36 Hanh 2018, S. 17.

37 Hanh 1991, S. 20–23.

38 Dalai Lama 2008, S. 177; 2015, S. 11–12, 33–34.

39 Hüther 2017, S. 66–68.

40 Rosa 2016, S. 691.

41 Pörksen, von Thun 2020, S. 9–28.

42 Hanh 2016, S. 11.

43 Bonhoeffer S. 16–18.

44 Schweitzer 1976, S. 138.

45 Figueres, S. 119.

46 Kreiß 2016.

47 Dalai Lama 2016, S. 147; Hanh 2018, S. 168–170.

48 Khorchide 2016b, S. 212–213.

49 Hanh 2018, S. 182.

50 Picht 1969, S. 373–407 (Beitrag »Prognose – Utopie – Planung« von 1967).

51 Mittelstraß 1992, S. 15–20.

52 Descartes 1977, Sechstes Kapitel, S. 58.

53 Hüther 2017, S. 78–82.

54 Lanier 2014, S.102, 187–190, 217.

55 Picht 1981, S. 335–349 (Vortrag »Technik und Utopie« von 1972).

56 Banzhaf 2002, S. 54–64: Darstellung von Pichts zeitgeschichtlichen Analysen und Reflexionen.

57 Herrmann 2014, S. 34–50.

58 Polanyi 1978, S. 87–89.

59 Herrmann 2014, S. 239–246.

60 Binswanger 1985, S. 9–18.

61 Binswanger 1985, S. 30–35.

62 Binswanger 1985, S. 45–50, 79–86.

63 Dalai Lama 2016, S. 136–141.

64 Hanh 2008, S. 88, 306.

65 Hanh 2018, S. 226–230. https://www.plumvillage.org/mindfulness-practice/the-5-mindfulness-trainings

66 Hanh 2018, S. 20–21, 222–224.

67 Siegel 2012, S. 18, 76, 384–386.

68 Folkers, Paech 2020, S. 54–56, 72–76, 107.

69 Figueres, Rivett-Carnac 2020, S. 51–52.

70 Hüther 2017, S. 125–136, 152.

71 Hüther 2018, S. 113–122.

72 Hüther 2017, S. 30–31, 44–45, 187.

73 Dalai Lama 2016, S. 50.

74 Dalai Lama 2016, S. 102–109.

75 Hanh 2018, S. 16–17.

76 Dalai Lama 2008, S. 86–87, 176–181; 2016, S. 112–113.

77 Hanh 2008, S. 96, 301–302.

78 Capra 1984, S. 9, 96–97.

79 Dürr 2011, S. 14–15, 22, 32.

80 Capra 1999, S. 98–101.

81 Ein kurzes Video erklärt das anschaulich:
    https://www.pm-wissen.com/videos/aa-235vavv6d1w12/

82 Klein 2017, S. 13–20.

83 Schweitzer 1923, S. 247.

84 Khorchide 2016a, S. 108–109.

85 https://www.ifees.org.uk/wp-content/uploads/2020/01/
    iccd-german-full.pdf

86 Salgado 2019, S. 161.

87 Schweitzer 1923, S. 247–250.

88 Schweitzer 1976, S. 149–150.

89 Hanh 2018, S. 92–93.

90 Dalai Lama 2016, S. 50.

91 Acosta 2017, S. 15–17.

92 Leaky 1980, S. 66–67, 148–149, 180.

93 Hüther 2017, S. 34–45.

94 Plessner 1965, S. 288–310.

95 Banzhaf 2002, S. 169–185.

96 Kant 1942, S. 45.

97 Picht 1981, S. 383–390.

98 Bjornerud 2020, S. 13–16, 194, 202, 209–212.

99 Dalai Lama 2016, S. 125.

100 Zitiert bei Siegel 2012, S. 377.

101 Habermas 2001, S. 174.

102 Jaspers 1949, S. 19–24.

103 Armstrong 2012b, S. 38–40, 74–75.

104 Armstrong 2012a, S. 209–264, 2012b, S. 68–72;
     Khorchide 2016b, S. 92–96.

105 Hanh 2018, S. 207–216.

106 Baeck, S. 26, 31–33, 89–92.

107 Lévinas, S. 27–31, 162.

108 Theißen 2001, S. 338–339.

109 Khorchide 2016a, S. 96–98, 229.

110 Khorchide 2016b, S. 77, vgl. auch Koran 57:25.

111 Khorchide 2016b, S. 48–52.

112 Picht 1979, S. 420.

113 Khorchide 2016a, S. 12, 96–102.

114 Klein 2010, S. 106.

115 Rahula, S. 84.

116 Dalai Lama 2008, S. 86–87.

117 Dalai Lama 2014, S. 241.

118 Armstrong 2012b, S. 14–17.

119 Armstrong 2012b, S. 15–16.

120 Überliefert nach al-Buchari, Hadith-Nr. 13.

121 Buber 2011, S. 242–244.

122 Banzhaf 2002, S. 33–40.

123 Merton 2009, S. 155.

124 Rahula, S. 157–162.

125 King, Martin Luther 1985, S. 8–10, 15–16.

126 Hanh 2008, S. 92–93.

127 https://extinctionrebellion.de/wer-wir-sind/

128 https://www.unesco.de/media/2004

129 Krebs 2002, S. 120.

130 Sen 2007, S. 340.

131 Sen 2007, S. 110–113.

132 Kessler 2019, S. 96–105.

133 Nida-Rümelin 2011, S. 178–179.

134 Evangelische Kirche in Deutschland 2021, S. 49–50.

135 Kessler 2019, S. 89–95.

136 Rahmstorf, Schellnhuber 2019, S. 51–52, 107–109.

137 Schneidewind 2018, S. 155–166.

138 Dies belegen auch die neuen Studien von Oxfam und dem Stockholm Environment Institute (SEI): https://www.oxfam.de/ueber-uns/publikationen/klimawandel-ungleichheit-confronting-carbon-inequality-the-european-union; https://cdn.sei.org/wp-content/uploads/2020/09/research-report-carbon-inequality-era.pdf

139 Herrmann 2018, S. 239–241; so auch George Soros, zitiert bei Radermacher, Beyers 2011, S. 177–178.

140 Buchter 2020, S. 10–19, 246–247.

141 Lanier 2014, S. 19–25.

142 Jakobs 2016, S. 671–677. Die EU will endlich ein Steuertransparenz-
     gesetz für Konzerne auf den Weg bringen. Auch die Diskussion
     um internationale Mindeststeuersätze für Unternehmen und eine
     Digitalsteuer hat wieder an Dynamik gewonnen.

143 Die neuesten Zahlen dazu finden sich im Bericht »State of Tax
     Justice 2020« unter https://www.taxjustice.net/reports/the-state-of-
     tax-justice-2020/

144 Buchter 2020, S. 276.

145 Bode 2018, S. 8–10, 181–187.

146 Radermacher, Beyers 2011, S. 290–292, 378.

147 Binswanger, S. 204.

148 Gorz 1989, S. 156–164.

149 https://abruesten.jetzt/wp-content/uploads/2020/10/
     Frankfurter-Appell_final_2020.pdf

150 Beck 1988, S. 9–28, 103–105.

151 Pörksen, von Thun 2020, S. 20, 75–76, 100–103, 213.

152 Pörksen, von Thun 2020, S. 198.

153 Nussbaum 2019, S. 246, 290.

154 Nussbaum 2016, S. 13, 593; 2019, S. 235, 240.

155 Schneidewind 2018, S.107–120, 169ff.

156 Brand, Wissen 2017, S. 31–42.

157 https://epub.wupperinst.org/frontdoor/deliver/index/docId/7606/
     file/7606_CO2-neutral_2035.pdf

158 Paech 2020, S. 119–123, 142–145.

159 Eppler, Paech 2016, S. 177–186.

160 Sommer, Welzer 2017, S. 204–218.

161 Herrmann 2014, S. 240–247.

162 Kessler 2019, S. 74–81.

163 Weizsäcker, Wijkman 2017, S. 194–377.

164 Welzer 2019, S. 83.

165 Welzer 2019, S. 81–192.

166 Banzhaf 2017, S. 163–164.

167 I.L.A. Kollektiv 2019. Hintergrund dafür ist der von U. Brand und M. Wissen entwickelte Ansatz.

168 I.L.A. Kollektiv 2019, S. 23, 29, 80, 89; vergl. auch Brand, Wissen 2017, S. 165–185.

169 Sachs 1993; Schneidewind 2018, S. 176–187.

170 Felber 2010, S. 24–34, 110–127. Zukunftsweisend ist auch die Unternehmensform »Unternehmen in Verantwortungseigentum«. Es sind Unternehmen wie Zeiss, Bosch, Alnatura oder Ecosia, die sich selbst gehören, und nur ihrem Zweck verpflichtet sind: https://stiftung-verantwortungseigentum.de/

171 Göpel 2020, S. 186: »Unsere Welt neu zu denken ist für mich wie ein Befreiungsschlag.« Dies erlebt man in ihrem Buch.

172 Papst Franziskus 2020, S. 153–167.

173 Latif 2020, S. 9–10.

174 Franzen 2020, S. 37.

175 Bonhoeffer 1970, S. 11–27; Banzhaf 2021.

176 Schweitzer 1976, S. 98, 155.

Alle Internetquellen abgerufen am 15.04.2021.

Literatur

Acosta, Alberto. 2017. *Buen Vivir. Vom Recht auf ein gutes Leben*, München: oekom verlag.

Aristoteles. 1969. *Nikomachische Ethik* (in der Übersetzung von Franz Dirlmeier), Stuttgart: Philipp Reclam Jun.

Aristoteles. 1994. *Politik* (in der Übersetzung von Franz Susemihl), Hamburg: Rowohlt Verlag.

Armstrong, Karen. 2012a. *Die Geschichte von Gott. 4000 Jahre Judentum, Christentum und Islam*, München: Pattloch Verlag.

Armstrong, Karen. 2012b. *Die Botschaft. Der Weg zu Frieden, Gerechtigkeit und Mitgefühl*, München: Pattloch Verlag.

Baeck, Leo. 1921. *Das Wesen des Judentums*, Darmstadt: Joseph Melzer Verlag.

Banzhaf, Günter. 2002. *Philosophie der Verantwortung. Entwürfe, Entwicklungen, Perspektiven*, Heidelberg: Universitätsverlag Winter.

Banzhaf, Günter. 2017. Der Begriff der Verantwortung in der Gegenwart: 20.–21. Jahrhundert, in: *Handbuch Verantwortung*, S. 149–168, hrsg. v. Ludger Heidbrink, Claus Langbehn, Janina Loh, Berlin: Springer Fachmedien.

Banzhaf, Günter. 2021. Denken und Handeln im Blick auf die kommende Generation. Zur Aktualität von Dietrich Bonhoeffers Ethik der Verantwortung, in: *Deutsches Pfarrerinnen- und Pfarrerblatt*, 4 / 2021, S. 214–219. https://www.pfarrerverband.de/pfarrerblatt/archiv

Beck, Ulrich. 1988. *Gegengifte. Die organisierte Unverantwortlichkeit*, Frankfurt a. M.: Suhrkamp Verlag.

Beck, Ulrich. 2017. *Die Metamorphose der Welt*, Berlin: Suhrkamp Verlag.

Bertelmann, Brigitte; Heidel, Klaus (Hrsg.). 2018. *Leben im Anthropozän. Christliche Perspektiven für eine Kultur der Nachhaltigkeit*, München: oekom verlag.

Binswanger, Hans-Christoph. 1985. *Geld und Magie – Deutung und Kritik der modernen Wirtschaft anhand von Goethes Faust,* Stuttgart: Edition Weitbrecht.

Binswanger, Matthias. 2006. *Die Tretmühlen des Glücks,* Freiburg i. B.: Verlag Herder.

Bjonerud, Marcia. 2020. *Zeitbewusstheit. Geologisches Denken und wie es helfen könnte, die Welt zu retten,* Berlin: MSB Matthes & Seitz Verlagsgesellschaft.

Bode, Thilo. 2018. *Die Diktatur der Konzerne. Wie globale Unternehmen uns schaden und die Demokratie zerstören,* Frankfurt: S. Fischer Verlag.

Bonhoeffer, Dietrich. 2011. *Widerstand und Ergebung. Briefe und Aufzeichnungen aus der Haft,* hrsg. von Eberhard Bethge, Gütersloh: Gütersloher Verlagshaus.

Brand, Ulrich; Wissen, Markus. 2017. *Imperiale Lebensweise. Zur Ausbeutung von Mensch und Natur im globalen Kapitalismus,* München: oekom verlag.

Brück, Michael von. 2020. *Interkulturelles ökologisches Manifest,* Freiburg i. B./München: Verlag Karl Alber.

Buber, Martin. 2011. *Zwei Glaubensweisen,* in: Werkausgabe 9, Schriften zum Christentum, hrsg. von Karl-Josef Kuschel, S. 202–312, Gütersloh: Gütersloher Verlagshaus.

Capra, Fritjof. 1984. *Wendezeit. Bausteine für ein neues Weltbild,* Bern: Scherz Verlag.

Dalai Lama. 2008. *Das Buch der Menschlichkeit. Eine neue Ethik für unsere Zeit,* Bergisch-Gladbach: Bastei Lübbe.

Dalai Lama. 2014. *Das Herz der Religionen. Gemeinsamkeiten entdecken und verstehen,* Freiburg i. B.: Verlag Herder.

Dalai Lama. 2015. *Der Appell des Dalai Lama an die Welt. Ethik ist wichtiger als Religion,* mit Franz Alt, Wals: Benevento Publishing.

Dalai Lama. 2016. *Die Berge sind so kahl geworden wie der Kopf eines Mönchs. Wir haben nur diese Erde – Eine universelle Verantwortung für unseren Planeten,* mit Sofia Stril-Rever, Freiburg i. B.: Verlag Herder.

Dalai Lama. 2017. *Empathie. Es fängt bei dir an und kann die Welt verändern,* Freiburg i. B.: Verlag Herder.

D'Alisa, Giacomo; Demaria, Federico; Kallis, Giorgos (Hrsg.). 2016. *Degrowth. Handbuch für eine neue Ära*, München: oekom verlag.

Descartes, René. 1977. *Abhandlung über die Methode des richtigen Vernunftgebrauchs (1637)*, Stuttgart: Philipp Reclam jun.

Dürr, Hans-Peter. 2011. *Das Lebende lebendiger werden lassen. Wie uns neues Denken aus der Krise führt*, München: oekom verlag.

Eppler, Erhard; Paech, Niko. 2016. *Was Sie da vorhaben, wäre ja eine Revolution. Ein Streitgespräch über Wachstum, Politik und eine Ethik des Genug, moderiert von Christiane Grefe*. München: oekom verlag.

Evangelische Kirche in Deutschland (Hrsg.). 2015. *»… damit sie das Leben und volle Genüge haben sollen« Ein Beitrag zur Debatte über neue Leitbilder für eine zukunftsfähige Entwicklung*. Eine Studie der Kammer der EKD für nachhaltige Entwicklung, Hannover. https://www.ekd.de/ekd_de/ds_doc/ekd_texte_122.pdf

Evangelische Kirche in Deutschland (Hrsg.). 2021. *Verantwortung in globalen Lieferketten. Ihre menschenrechtliche und sozial-ökologische Gestaltung in evangelischer Perspektive*. Ein Impulspapier der Kammer für nachhaltige Entwicklung, Hannover. https://www.ekd.de/ekd-text-135-verantwortung-in-globalen-lieferketten-62926.htm

Felber, Christian. 2010. *Gemeinwohl-Ökonomie. Das Wirtschaftsmodell der Zukunft*, Wien: Deuticke im Paul Zsolnay Verlag.

Figueres, Christina; Rivett-Carnac, Tom. 2020. *The Future We Choose. Surviving the Climate Crisis*, London: Manilla Press.

Folkers, Manfred; Paech, Niko. 2020. *All you need is less. Eine Kultur des Genug aus ökonomischer und buddhistischer Sicht*, München: oekom verlag.

Franzen, Jonathan. 2020. *Wann hören wir auf, uns etwas vorzumachen? Gestehen wir es uns ein, dass wir die Klimakatastrophe nicht verhindern können*, Hamburg: Rowohlt Verlag.

Göpel, Maja. 2020. *Unsere Welt neu denken. Eine Einladung*, Berlin: Ullstein Buchverlage.

Gorz, André. 1989. *Kritik der ökonomischen Vernunft. Sinnfragen am Ende der Arbeitsgesellschaft*, Berlin: Rotbuch Verlag.

Habermas, Jürgen. 2001. Ein Gespräch über Gott und die Welt, in: *Zeit der Übergänge. Kleine politische Schriften IX*, S. 173–196, Frankfurt a. M.: Suhrkamp Verlag.

Habermas, Jürgen. 2007. Ein Bewusstsein von dem, was fehlt *und* Eine Replik, in: Reder, Michael; Schmidt, Josef. 2008. *Ein Bewusstsein von dem, was fehlt. Eine Diskussion mit Jürgen Habermas*, S. 26–36; S. 94–107, Frankfurt a. M.: Suhrkamp Verlag.

Han, Byung-Chul. 2016. *Psychopolitik. Neoliberalismus und die neuen Machttechniken*, Frankfurt a. M.: S. Fischer Verlag.

Hanh, Thich Nhat. 1991. *Ich pflanze ein Lächeln. Der Weg der Achtsamkeit*, München: Goldmann Verlag.

Hanh, Thich Nhat. 2008. *Wahren Frieden schaffen*, München: Goldmann Verlag.

Hanh, Thich Nhat. 2010. *Jesus und Buddha – Ein Dialog der Liebe*, Freiburg i. B.: Verlag Herder.

Hanh, Thich Nhat. 2014. *Liebesbrief an die Erde*, München: Nymphenburger Verlag.

Hanh, Thich Nhat. 2018. *Leben ist, was jetzt passiert. Das Geheimnis der Achtsamkeit*, München: Lotos Verlag.

Heidbrink, Ludger; Langbehn, Claus; Loh, Janina. 2017. *Handbuch Verantwortung*; Wiesbaden: Springer Fachmedien.

Herrmann, Ulrike. 2014. *Der Sieg des Kapitals. Wie der Reichtum in die Welt kam: Die Geschichte von Wachstum, Geld und Krisen*, Frankfurt a. M.: Westend Verlag.

Herrmann, Ulrike. 2018. *Kein Kapitalismus ist auch keine Lösung. Die Krise der heutigen Ökonomie oder Was wir von Smith, Marx und Keynes lernen können*, München: Piper Verlag.

Hüther, Gerald. 2017. *Was wir sind und was wir sein könnten. Ein neurobiologischer Mutmacher*, Frankfurt a. M.: S. Fischer Verlag.

Hüther, Gerald. 2018. Wissen verändert die Menschen nicht, in: *Leben im Anthropozän. Christliche Perspektiven für eine Kultur der Nachhaltigkeit*, S. 113–122, hrsg. von Brigitte Bertelmann und Klaus Heidel, München: oekom verlag.

I.L.A. Kollektiv. 2019. *Das gute Leben für alle. Wege in eine solidarische Lebensweise,* München: oekom verlag.

Jakobs, Hans-Jürgen. 2016. *Wem gehört die Welt? Die Machtverhältnisse im globalen Kapitalismus,* München: Knaus Verlag.

Jaspers, Karl. 1949. *Vom Ursprung und Ziel der Geschichte,* München: Piper Verlag.

Kant, Immanuel. 1942. *Kant's gesammelte Schriften,* hrsg. von der Deutschen Akademie der Wissenschaften in Berlin, Bd. XX., 3. Abt., Handschriftlicher Nachlass VII, S. 45.

Kessler, Wolfgang. 2019. *Die Kunst, den Kapitalismus zu verändern. Eine Streitschrift,* Oberursel: Publik Forum Verlagsgesellschaft.

Kessler, Wolfgang. 2021. *Macht Wirtschaft! Ökonomie verstehen – und verändern,* Oberursel: Publik Forum Verlagsgesellschaft.

Khorchide, Mouhanad. 2016a. *Islam ist Barmherzigkeit. Grundzüge einer modernen Religion,* Freiburg i. B.: Verlag Herder.

Khorchide, Mouhanad. 2016b. *Scharia – der missverstandene Gott. Der Weg zu einer modernen islamischen Ethik,* Freiburg i. B.: Verlag Herder.

King, Martin Luther. 1985. *Der Traum vom Frieden.* Texte zur Orientierung. Gütersloh: Gütersloher Verlagshaus Mohn.

Klein, Stefan. 2010. *Der Sinn des Gebens. Warum Selbstlosigkeit in der Evolution siegt und wir mit Egoismus nicht weiterkommen,* Frankfurt a. M.: S. Fischer Verlag.

Klein, Stefan. 2017. *Das All und das Nichts. Von der Schönheit des Universums,* Frankfurt a. M.: S. Fischer Verlag.

Kleyboldt, Ewald. 2019. *Nachhaltigkeit braucht Spiritualität. Antworten aus Christentum und Buddhismus als Beitrag der Religionen,* München: oekom verlag.

Krebs, Angelika. 2002. *Arbeit und Liebe. Die philosophischen Grundlagen sozialer Gerechtigkeit,* Frankfurt a. M.: Suhrkamp Verlag.

Kreiß, Christian. 2016. *Werbung – nein danke,* München: Europa Verlag.

Küng, Hans (Hrsg.). 2002. *Dokumentation zum Weltethos,* München: Piper Verlag.

Lanier, Jaron. 2014. *Wem gehört die Zukunft?* Hamburg: Hoffmann und Campe Verlag.

Latif, Mojib. 2020. *Heißzeit. Mit Vollgas in die Klimakatastrophe – und wie wir auf die Bremse treten*, Freiburg i. B.: Verlag Herder.

Leakey, Richard; Lewin; Roger. 1980. *Wie der Mensch zum Menschen wurde. Neue Erkenntnisse über den Ursprung und die Zukunft des Menschen*, Hamburg: Hoffmann und Campe Verlag.

Lévinas, Emmanuel. 1992. *Schwierige Freiheit. Versuch über das Judentum*, Frankfurt a. M.: Jüdischer Verlag.

Lévinas, Emmanuel. 2012. *Die Spur des Anderen. Untersuchungen zur Phänomenologie und Sozialphilosophie*, hrsg. von Wolfgang Krewani, Freiburg i. B.: Verlag Karl Alber.

Merton, Thomas. 2009. *Sich für die Welt entscheiden. Über Kontemplation*, Freiamt: Arbor Verlag.

Mittelstraß, Jürgen. 1992. *Leonardo-Welt. Über Wissenschaft, Forschung und Verantwortung*, Frankfurt a. M.: Suhrkamp Verlag.

Nida-Rümelin, Julian. 2011. *Verantwortung*, Stuttgart: Philipp Reclam Jun.

Nussbaum, Martha. 2016. *Politische Emotionen. Warum Liebe für Gerechtigkeit wichtig ist*, Berlin: Suhrkamp Verlag.

Nussbaum, Martha. 2019. *Königreich der Angst. Gedanken zur aktuellen politischen Krise*, Darmstadt: Wissenschaftliche Buchgesellschaft.

oekom e.V.; Misereor; Brot für die Welt (Hrsg.). 2016. *Religion & Spiritualität. Ressourcen für die Große Transformation?* München: oekom verlag.

Paech, Niko. 2016. *Befreiung vom Überfluss. Auf dem Weg in die Postwachstumsökonomie*, München: oekom verlag

Papst Franziskus. 2015. *Enzyklika Laudato si'. Über die Sorge für das gemeinsame Haus.* Libreria Editrice Vaticana, Stuttgart: Verlag Katholisches Bibelwerk GmbH.

Papst Franziskus. 2020. *Wage zu träumen. Mit Zuversicht aus der Krise*, München: Kösel Verlag.

Picht, Georg. 1969. *Wahrheit, Vernunft, Verantwortung. Philosophische Studien*, Stuttgart: Ernst Klett Verlag.

Picht, Georg. 1979. Zum Begriff des Maßes, in: *Humanökologie und Frieden*, hrsg. von Constanze Eisenbart, S. 418–426, Stuttgart: Klett-Cotta.

Plessner, Helmuth. 1965. *Die Stufen des Organischen und der Mensch. Einleitung in die philosophische Anthropologie*, Berlin: Walter de Gruyter.

Pörksen, Bernhard; Schulz von Thun, Friedemann. 2020. *Die Kunst des Miteinander-Redens. Über den Dialog in Gesellschaft und Politik*, München: Carl Hanser Verlag.

Polanyi, Karl. 1978. *The Great Transformation. Politische und ökonomische Ursprünge von Gesellschaften und Wirtschaftssystemen*, Frankfurt a. M.: Suhrkamp Verlag.

Radermacher, Franz-Josef; Beyers, Bert. 2011. *Welt mit Zukunft. Die ökosoziale Perspektive*, Hamburg: Murmann Verlag.

Rahula, Walpola. 1963. *Was der Buddha lehrt*, Zürich: Origo Verlag.

Ramstorf, Stefan; Schellnhuber, Hans Joachim. 2018. *Der Klimawandel. Diagnose, Prognose, Therapie*, München: Verlag C.H. Beck.

Rosa, Hartmut. 2016. *Resonanz. Eine Soziologie der Weltbeziehung*, Berlin: Suhrkamp Verlag.

Roth, Gerhard. 2003. *Fühlen, Denken, Handeln. Wie das Gehirn unser Handeln steuert*, Frankfurt a. M.: Suhrkamp Verlag.

Sachs, Wolfgang. 1993. *Die vier E's: Merkposten für einen maßvollen Wirtschaftsstil*, in: politische ökologie, 11 (33), S. 69–72.

Salgado, Sebastiao; Francq, Isabelle. 2019. *Mein Land, unsere Erde. Autobiografie*, München: Nagel & Kimche Verlag.

Schneidewind, Uwe. 2018. *Die Große Transformation. Eine Einführung in die Kunst des gesellschaftlichen Wandels*, Frankfurt a. M.: S. Fischer Verlag.

Schweitzer, Albert. 1923. *Kultur und Ethik. Kulturphilosophie. Zweiter Teil*, München: Verlag C.H. Beck.

Schweitzer, Albert. 1976. *Die Lehre von der Ehrfurcht vor dem Leben. Grundtexte aus fünf Jahrzehnten*, München: Verlag C.H. Beck.

Sen, Amartya. 2007. *Ökonomie für den Menschen. Wege zu Gerechtigkeit und Solidarität in der Marktwirtschaft*, München: Deutscher Taschenbuch Verlag.

Siegel, Daniel J. 2012. *Mindsight. Die neue Wissenschaft der persönlichen Transformation*, München: Goldmann Verlag.

Sommer, Bernd; Welzer, Harald. 2017. *Transformationsdesign. Wege in eine zukunftsfähige Moderne*, München: oekom verlag.

Stierle, Wolfram. 2016. Unterschätzte Treiber der Transformation, in: politische ökologie, 147, S. 26–33.

Theißen, Gerd; Merz, Annette. 2001. *Der historische Jesus. Ein Lehrbuch*, Göttingen: Vandenhoeck & Ruprecht.

WBGU. 2011. *Die Welt im Wandel. Gesellschaftsvertrag für eine Große Transformation*, Berlin: Wissenschaftlicher Beirat der Bundesregierung Globale Umweltveränderungen.

Weizsäcker, Ernst-Ulrich von; Wijkman, Anders. 2017. *Wir sind dran. Was wir ändern müssen, wenn wir bleiben wollen. Eine neue Aufklärung für eine volle Welt*, Gütersloh: Gütersloher Verlagshaus.

Welzer, Harald. 2016. *Selbst denken. Eine Anleitung zum Widerstand*, Frankfurt a. M.: S. Fischer Verlag.

Welzer, Harald. 2019. *Alles könnte anders sein. Eine Gesellschaftsutopie für freie Menschen*, Frankfurt a. M.: S. Fischer Verlag.

Über den Autor

Günter Banzhaf ist evangelischer Theologe und Philosoph.

2002 promovierte er über Verantwortungskonzepte im 20. Jahrhundert. Er ist Gründungsmitglied des ersten deutschen Förderkreises der internationalen Entwicklungsgenossenschaft Oikocredit und Mitherausgeber zahlreicher Veröffentlichungen zu ökonomischen und ökologischen Themen.

Wertschöpfung mit Wertschätzung

Wie die kommunistische Mangelwirtschaft an ihr Ende gekommen ist, so wird es auch der kapitalistischen Überflusswirtschaft gehen. An die Stelle von Ausbeutung, Egoismus und Vereinzelung müssen Wertschätzung, Nähe und Gemeinsinn treten – kurzum: eine Ökonomie der Liebe.

Rüdiger Ulrich

Nähe und Gemeinsinn
Plädoyer für eine Ökonomie der Liebe
208 Seiten, Broschur, 20 Euro
ISBN 978-3-96238-142-4
Auch als E-Book erhältlich

Geschichten vom Aufbruch

Artensterben, Klimakrise, Armut und Massenmigration – wir stehen unzähligen Herausforderungen gegenüber. Da liegt es nahe, in Schockstarre zu verfallen. Doch diesen lähmenden Entwicklungen zum Trotz haben sich vielfältige Initiativen aufgemacht, um Lösungen für diese Probleme einzufordern oder selbst zu entwickeln. Es gibt sie also, die Geschichten vom Aufbruch. Geschichten, die uns Mut machen, die Dinge zum Positiven zu verändern!

S. Ristig-Bresser

Make. World. Wonder.
Für die Welt, die wir uns wünschen
320 Seiten, Broschur, komplett vierfarbig mit zahlreichen Illustrationen, 26 Euro
ISBN 978-3-96238-259-9
Auch als E-Book erhältlich

Die Werkzeuge des Wandels

Wer fühlt sich heutzutage noch wohl angesichts von Meeren voller Plastik, Klimawandel, Ressourcenproblematik oder Artensterben? In seinem neuen Buch entwirft Gerhard Frank ein Szenario für einen Weg in eine nachhaltige Zukunft auf Basis unseres Erlebens. Er entwirft dabei ein Panorama, in dem Fühlen, Wahrnehmen, Tagträumen, Denken und Kommunizieren als selbstständige Teile zusammenwirken und ein lebendiges Ganzes formen.

G. Frank

Zukunft schaffen
Vom guten Erleben als Werkzeug des Wandels
292 Seiten, Broschur, 25 Euro
ISBN 978-3-96238-046-5
Auch als E-Book erhältlich

Gelingt die Transformation zur Nachhaltigkeit?

Dieses Buch tritt für einen tief greifenden Kulturwandel ein: nicht den materiellen Wohlstand unendlich zu steigern, sondern seine Dauerhaftigkeit zu erreichen. Dafür brauchen wir manchmal den Mut zur Veränderung, manchmal den Mut, Bewährtes zu bewahren – und stets ein Urteilsvermögen dafür, welches von den beiden zukunftsweisend ist.

R. Fischer

Das Anthroponomikum
Oder warum es an der Zeit ist, unsere technischen Möglichkeiten sinnvoll anzuwenden
360 Seiten, Broschur, 26 Euro
ISBN 978-3-96238-223-0
Auch als E-Book erhältlich

Nicht nur für Wohnprojekte und Lebensgemeinschaften

Wer wissen will, worauf bei der Entwicklung von gemeinschaftlichen Projekten zu achten ist, liegt mit diesem »Gemeinschaftskompass« goldrichtig: Er gibt einen systematischen Überblick dazu, wie gemeinschaftliche Projekte realisierbar sind. Dabei stehen Individuen und Gemeinschaft im Mittelpunkt als Schlüssel zur gemeinschaftlichen Projektentwicklung. Der Gemeinschaftskompass stellt viele hilfreiche Methoden vor, mit denen Prozesse in Gruppen analysiert, bearbeitet und konstruktiv weiterentwickelt werden können.

E. Stützel

Der Gemeinschaftskompass
Eine Orientierungshilfe für kollektives Leben und Arbeiten
240 Seiten, Broschur, 24 Euro
ISBN 978-3-96238-298-8
Auch als E-Book erhältlich

Spirituelle Wege zu nachhaltigem Handeln

Nachhaltigkeit ist mehr als drei Säulen: Ohne Spiritualität, ohne »Herz« ist moralisches, vorausschauendes Handeln nicht denkbar, so die These. Beispiele aus Christentum und Buddhismus führen hier vor Augen, wie Menschen eine ausgewogene Wirtschafts- und Lebensweise erreichen können und welchen Leitwerten sie dabei folgen.

E. Kleyboldt

Nachhaltigkeit braucht Spiritualität
Antworten aus Christentum und Buddhismus
als Beitrag der Religionen
150 Seiten, Broschur, 29 Euro
ISBN 978-3-96238-168-4
Auch als E-Book erhältlich